传世励志经典

自由的奠基人

卢梭

【法】罗曼·罗兰（Romain Rolland） 著　　马淑芳　编译

中华工商联合出版社

图书在版编目（CIP）数据

自由的奠基人——卢梭/（法）罗曼·罗兰著；马
淑芳编译. --北京：中华工商联合出版社，2015.7
ISBN 978-7-5158-1362-2

Ⅰ．①自… Ⅱ．①罗… ②马… Ⅲ．①卢梭，J.J.（
1712~1778）—传记 Ⅳ．①B565.26

中国版本图书馆 CIP 数据核字（2015）第 148165 号

自由的奠基人
——卢梭

作　　者：【法】罗曼·罗兰（Romain Rolland）
译　　者：马淑芳
出 品 人：徐　潜
策划编辑：魏鸿鸣
责任编辑：崔红亮
封面设计：周　源
营销总监：曹　庆
营销推广：万春生
责任审读：李　征
责任印制：迈致红
出版发行：中华工商联合出版社有限责任公司
印　　刷：天津旭丰源印刷有限公司
版　　次：2015 年 9 月第 1 版
印　　次：2023 年 4 月第 4 次印刷
开　　本：710mm×1020mm　1/16
字　　数：130 千字
印　　张：10.75
书　　号：ISBN 978-7-5158-1362-2
定　　价：39.80元

服务热线：010－58301130
销售热线：010－58302813
地址邮编：北京市西城区西环广场 A 座
　　　　　19－20 层，100044
http://www.chgslcbs.cn
E-mail：cicap1202@sina.com（营销中心）
E-mail：gslzbs@sina.com（总编室）

序

　　为了给《传世励志经典》写几句话，我翻阅了手边几种常见的古今中外圣贤大师关于人生的书，大致统计了一下，励志类的比例，确为首屈一指。其实古往今来，所有的成功者，他们的人生和他们所激赏的人生，不外是：有志者，事竟成。

　　励志是动宾结构的词，励是磨砺，志是志向，放在一起就是磨砺志向。所以说，励志不是简单的立志，是要像把刀放在石头上磨才能锋利一样，这个磨砺，也不是轻而易举地摩擦一下，而是要下力气的，对刀来说，不仅要把自身的锈磨掉，还要把多余的部分都要毫不留情地磨掉，这简直是一场磨难。所有绚丽的人生都是用艰难磨砺成的，砥砺生命放光华。可见，励志至少有三层意思：

　　一是立志。国人都崇拜的一本书叫《易经》，那里面有一句话说："天行健，君子以自强不息。"这是一种天人合一的理念，它揭示了自然界和人类发展演化的基本规律，所以一切圣贤伟人无不遵循此道。当然，这里还有一个立什么样的志的问题，孔子说："士不可以不弘毅，任重而道远。"古往今来，凡志士仁人立的都是天下家国之志。李白说：大丈夫必有四方之志，白居易有诗曰：丈夫贵兼济，岂独善一身，讲的都是这个道理。

二是励志。有了志向不一定就能成事，《礼记》里说："玉不琢，不成器。"因为从理想到现实还有很大的距离。志向须在现实的困境中反复历练，不断考验才能变得坚韧弘毅，才能一步一个脚印地逐步实现。所以拿破仑说：真正之才智乃刚毅之志向。孟子则把天将降大任于斯人描述得如此艰难困苦。我们看看历代圣贤，从世界三大宗教的创始人耶稣、穆罕默德、释迦牟尼到孔夫子、司马迁、孙中山，直至各行各业的精英，哪一个不是历经磨难终成大业，哪一个不是砥砺生命放射出人生的光芒。

三是守志。无论立志还是励志都不是一朝一夕、一蹴而就的，它贯穿了人的一生，无论生命之火是绚丽还是暗淡，都将到它熄灭的最后一刻。所以真正的有志者，一方面存矢志不渝之德，另一方面有不为穷变节、不为贱易志之气。像孟子说的那样："富贵不能淫，贫贱不能移，威武不能屈。"明代有位首辅大臣叫刘吉，他说过：有志者立长志，无志者常立志，这话是很有道理的。

话说回来，励志并非粘贴在生命上的标签，而是融汇于人生中一点一滴的气蕴，最后成长为人的格调和气质，成就人生的梦想。不管你做哪一行，有志不论年少，无志空活百年。

这套《传世励志经典》共收辑了100部图书，包括传记、文集、选辑。为励志者满足心灵的渴望，有的像心灵鸡汤，营养而鲜美；有的就是萝卜白菜或粗茶淡饭，却是生命之必需。无论直接或间接，先贤们的追求和感悟，一定会给我们带来生命的惊喜。

徐　潜

前　言

1712 年 6 月出生于瑞士日内瓦的让-雅克·卢梭，是一个钟表匠的儿子，母亲在生他时因难产而死。他当过学徒、仆人、伙计、随从，进过收容所，被命运和时代驱赶着走过了坎坷而漫长的道路。他通过努力自学成为音乐教师、秘书、职业作家，并最终成为知识界的巨子，18 世纪法国大革命的先驱。

卢梭的人生历程就是一部励志集。他是一个伟大的平凡者，一位勇敢的平民思想家。他重视平民，作品充满了平民的自信与骄傲，他将平民精神展露给读者，比如淳朴自然的人性、高尚的道德情操、在污浊社会中散发的清新气息。

卢梭的生活虽然贫穷，但是却有一个丰富的精神世界。他热爱读书，母亲留下来的小说成了他的启蒙读物；他有一颗坚持不懈的心，他说"死亡的逼近不但没有削弱我研究学问的兴趣，似乎反而更使我兴致勃勃地研究起学问来"；他眼中的妇女是值得赞赏和施以温情的对象；他生活在充满虚荣与奢靡的社会，却始终保持清高的姿态。

　　本书作者罗曼·罗兰梳理了卢梭多姿多彩的人生轨迹，并对其作品进行了分析和整理，为读者展现了一位崇尚自然、追求自由的伟大思想家形象，方便读者阅读和学习。

目　录

卢 梭

——孤独之旅

第 1 章　悼念伟大的思想先驱

卢梭（Jean Jacques Rousseau）之所以成为我们这个时代最出色的人物，源于他善于洞察社会生活的能力，这种能力推动了他所处世纪的变革。他拥有远远超越现实的精神力量，并对下一个世纪社会的转变产生了深远影响。他对旧世界充满愤恨，认为其即将瓦解，而且他一直认为自己的这种想法是正确的。人们认为，他和伏尔泰（Voltaire）应承担 19 世纪后一切大革命的责任，所以雨果（Victor Hugo）在《悲惨世界》里，曾借加夫罗克（Gavroche）之口，用两句嘲讽的话表达自己的不满："这是伏尔泰的过错！这是卢梭的罪过！"

可是，在此二人中，起到关键作用的到底是伏尔泰还是卢梭呢？我认为倒是卢梭。如果把"百科全书派"看作"群星闪耀的星座"，那么，伏尔泰就是其中最闪亮的一颗。与此不同的是，卢梭的生活是孤独的，他常常是孤身一人在奋战。在与这个旧世界作战的时候，由于"百科全书派"所主张的道德被卢梭一一批驳，且在社会观念方面，卢梭也远远超越了他们，因此受到了他们的嫉恨。狄德罗（Diderot）、达隆培尔（D'Alembert）、福尔巴哈（D'Holb-ach）、爱尔维修（Helvétius）等，这些"足智多谋"的伏尔泰的助手们，他们代表的只是新精神的消极方面，他们热衷于推翻旧的社会，尤其针对旧社会中既有的陋习和罪恶。可以将他们看作自由、理性的勇士，但他们擅长指责，习惯冷嘲热讽。唯有卢梭，是积极建设的代表，他不仅仅否定这个社会，还建立了新的精神，尽管卢梭在孤独地作战，但由于他为共和政体所做的积极宣传，因此被法国大革命者称为"革命的先驱"；在国民会议（Convention）最得势时，他也被人们敬奉着。他的遗骸，还在罗伯斯庇尔（Robespierre）号令下，也隆重地迁葬于先贤祠（Pentheon）。

获得如此崇高的殊荣，恐怕他自己也没有想到。尽管卢梭死后获得如此伟大的殊荣，但如同伏尔泰一样，也有许多理由可以使我们相信，人们或许也会否定法国大革命对他的赞扬。确实，一项伟大的事业常超越它的创始者而前进。被解放了的思想必会激起一种不能预测的大骚动。也许这种骚动仅能造成社会的骚动，它并不一定能建立一个崭新的社会，可是这样造成的骚动仍是他们被解放了的思想奋斗的成果。尽管卢梭十分不认同命运赋予他的任务，但是，这位思想超前的孤独者，仍不失为历史上一位伟大的革命前驱、新时代的缔造者。

卢梭不仅不曾预料到这种种因他的名声和天才所产生的后果，甚至这名声的来临也不是他自己想要的。这在人类的发展史上算是一件非常特殊的事。

卢梭的生平及其著作在文学史上的地位说明：一个天才获得的殊荣，不需要刻意追求，或许这种获得本身是违背他的本意的。

第 2 章　思想先驱的思想 "发家史"

　　在日内瓦的一个普通的小资产者的家里，卢梭出生了。他早年非常喜欢冒险，常常沉浸在一切危险的事物中，甚至不顾个人安危，将生命置之度外。尽管他的天资异于常人，却整日无所事事，东游西荡，他变得懒惰和浮躁，还很健忘，以至于需要依靠他人的帮助和庇护才能度日。这种生活，使他心志懒散，从不关心明天的生活。而且这种情况，似乎注定了他的一生只能默默无闻、居无定所、好吃懒做了。因为除了整日沉思浪漫和恋爱，他不再思考其他的事情，生活上也别无所求。

　　直到 1749 年，他 37 岁时，依然安于现状，毫无突出的地方。可是，突然之间，他虽没有惊人的言论，却已显示出非凡的才能。关于此种情况，我觉得他好像是受到了某种启示一般，和圣·保罗（St. Paul）当时被雷电击中如出一辙；他的笔像一件凶猛的武器紧紧握在手中。他感觉自己已像战士一般，身不由己地投入战斗之中。在这战斗的场合里，他代表着人类精神最出色的斗士，在万众瞩目之下，与政敌进行交锋。但是，他的言论一出，便击败了其他一切的人。在交锋中，尽管他感觉新奇，内心充满恐惧，尽管他没有辨认出自己向人们发出的呐喊声，可圆形剧场里依然回荡着他的声音，这声音和千百年来一心为民的官吏发出的一样，沉重有力，不但抨击着人们最为敬仰的偶像，而且也动摇了旧社会的根基。

这也许使他受到惊吓，便下定决心不再著述了。时代的洪流使他激动，但转而却卷入这洪流。他是像一棵橡树一样的共和主义者，具有不屈不挠的意志和高洁的灵魂，因此他倡导的秩序是高于现实的君主政体的。在当时看来，他只是无所事事，耽于幻想罢了，是感情虽然丰富但表现软弱的无政府主义者，但最终却成了一个开明的立法者，并始终如一地拥护立法。

成为开明的立法者的内心渴望战胜了他最初受到的惊吓，虽然他希望自己能平复这些渴望，但这渴望好似从天而降的礼物一样惊人，使他具有一种使命感，并使他自觉振奋起来，这种振奋使他今后十二年的生活都是优越的，即不同于常人的天才般的生活。

在这之后，即便当他再回到以前的那种生活，整日放纵于无所事事、东游西荡中，沉迷于幻想中时，他也不会快乐。因为，他已经为新生活付出了巨大的努力，他那炙热的文字已经产生了热烈的反响，这些付出和反响，使他惯于接受人们的瞩目和赞美，因此之前他所渴望的生活反而让他的精神陷入了一种悲惨的错乱，日后，他的悲哀却如同精彩的音符，成就了他，慰藉着他。

1712 年 6 月 28 日，卢梭在妇孺皆知的"日内瓦共和邦"出生了。他的这个故乡是一个改良福音教的地方，这个共和邦的政体不是单一的，它既有实行君主政体的邦国，又是信奉天主教的大国。

卢梭对自己出生的夸赞很矜持，他一生中都能保有这种矜持夸赞的痕迹。"卢梭，日内瓦的公民。"就是他亲手所题。他觉得自己应当为成为"一个自由国家的公民和民主国家的成员"而感到骄傲，他将"奉献给日内瓦共和邦"清楚地写在《论人类不平等的起源及基础》的卷首，不管这个故国如何伤害或是迫害他，他都一如既往地关心着自己的"祖国"，守候着自己的"祖国"。他将溢美之词毫不吝啬地给予那个属于劳动大众的城邦，毫无保留地赞美它共和政治的风尚。在他为生活所迫，不得不离开日内瓦的时候，常常表现出对它强烈的热爱，情绪十分悲伤。他父亲在他幼年时期就对他说过，"卢梭，爱你的国家！""你是日内瓦的国民，有一天，你会接触其他国家的国民，但你所接触的人，永远不同于你自己国家的人。"他永远记得父亲这番话。"每当他遇到有关政府的问题，如果在研究之中，搜集到了本国政府所谓新的可爱的理由的话，他总是表现出很快乐的样子。"当他批评一切政府时，"仅有一个政府被他保留着，并称赞它为模范政府"，这个政府便是日内瓦。

青年时期，在各种环境、各种力量的诱导下，他虽然皈依了罗马教，可是他表示，他仍非常忠实他对基督教的信仰。1754年，他的生活中出现了一丝曙光，他庄重地加入了基督教教会，此时的教会已经是经过改良，他当时就无所顾忌地扬言："在巴黎，我是一个新教信仰的忏悔者"，并声称自己是容忍和博爱的。他毫不在乎在他解释下的广义的基督教在日内瓦和纽沙泰尔（Neuchatel）的牧师中间掀起的种种轩然大波，他力证他常常是这样的："对福音书中的教义，尽自己的所能去遵守……我爱它，我信奉它，我解释它，我亲近它，并用我所有的热情让世人了解它。我对福音书浸透着的爱，以及对耶稣的崇敬，都等同于我所有的著作。我认为，任何事物的价值都无法与福音书相媲美。我们必须保留这本书，视它为主训诫的教条，至于我写的书，只能算作是一个学生对它的注释罢了。"在巴黎，如果我们听到他在夜间朗诵《圣经》，那就说明，他和宫廷中的贵族，以及上帝的敌人——"百科全书派"的哲学家交锋时大获全胜。当彻夜睡不着的时候，他常常会在静谧无人处，朗读《圣经》，一字不落地连读五六遍才罢休。他曾自诩"是法国唯一虔诚信仰上帝的人"。当然，这种夸耀有点言过其实。

共和国和上帝，这双重的爱和信仰，正源自他的祖国日内瓦，并在他的血液中沸腾。那时，有许多法国作家在巴黎，也正是因为他们，才使得卢梭的著作与他们不同，独树一帜。

尽管如此，我们不得不对此再加以赘述，虽然他引以为荣的是日内瓦的独立，但他依然深深爱着法国，他想对大家隐瞒这种情感，但最终还是被发现了。他依旧眷恋着法国，他认为："他因法国有着少许的成功而心里欢乐；他因她的失败而苦恼，仿佛这些失败就是自己的失败。"

不仅如此，在他的家庭中，祖先也是法国人。他的祖先是新基督教徒，从法国被迫出逃，他是他们的后代。苏珊娜·倍纳（Suzanne Berrard），他的母亲，是一位才貌双全的女性，遗憾的是红颜命薄，她死时卢梭才出生没多久。他父亲的祖先是钟表匠，个个都身强体壮，资质聪慧。依萨克·卢梭（Issac Rousseau），他的父亲，虽然和善有余，但审慎不够，经常大发脾气，是一个既不务正业，又喜欢冒险、寻求刺激的人。正是这种人，很可能对读书产生极大的兴趣。他的这种兴趣恰好影响了他的儿子，同时，他游荡冒险的一面也对他的儿子产生了深远影响。当卢梭只有六七岁大的时候，他们父子二人常在一起整夜不眠，阅读各种小说，如痴如醉，并认为这种情况再寻常不过了。有时当清晨的第一缕阳光照进来，听到燕群醒来后发出的轻快的叫声时，父亲总是面带愧色地说："我们快去睡觉吧；我比你还孩子气呢。……"

尽管如此，可卢梭的启蒙导师不是他的父亲，而是普鲁塔克（Plutarch）（《希腊罗马英雄传》）的作者），从出生到死亡，他一直都陪伴在卢梭的左右。"六岁的时候，普鲁塔克的作品我就读到了；不仅如此，我还能背诵它。他的每一种小说我都拜读过；在我体会到这些小说的意味时，它们就已经使我泪流满面。此后，却是有关英雄的和传奇的故事，渐渐受到我的青睐，且在此后的日子里，对它们的喜爱非但不减，反而随着时间的推移而不断增长。直到后来，除非是和我的幻想相符的东西，其他每种事物都令我生厌。"

才十岁的孩子，过早地尝到失去母亲的滋味，就又受到父亲毫不怜惜地遗弃，他无法适应这种生活。因此，他经常试图逃避这个残酷的现实，逃避的办法便是梦想。由于有了对"人间烦恼"的过早体验，使这位浪漫主义的先锋人物发现，原来真正的存在是在大自然中。他"感到幻想的存在物无处不在，自己得时常与它们打交道，与他所打过交道的其他事物相比，他觉得自己处理这些幻想物的能力更大"。他整天生活在自己的想象中，致使他的生活毫无方向，他的意志力几乎消失殆尽。但是，儿童时期和青春期初始的生活使他获益匪浅，因为和他朝夕相处的都是好人。他回忆当年的那些日子时，所描写的都是他的幻想的世界，美轮美奂，笔调热情奔放，这在《忏悔录》（*Confessions*）的开头数卷中彰显无遗。谁想要了解真实的卢梭，就得认真阅读并理解他这本书。一般的人只通过他的知名作品认识他，这些作品包括辩论的，修辞的和启发道德的，它们形成了一般人对卢梭的特定评价，但这种评价是不客观的。他的天性是纯洁的——富有魔力的爱情，闲适愉悦的心情，随时发生变化的兴趣，健忘……对每一种热爱的事物都执着求索，他无力与他的嗜好相抗争，身体十分瘦弱，但神志十分清明，能经常审视自己，对他人毫无怨恨，自身的作为也光明磊落。有一点是要尤其注意的，他的少年时期是在四处漂泊中度过的，虽没有任何人照顾他，为他指引方向，但让人无法相信的是，他的身体却自始至终都保持着洁净。在流浪的过程中，即使最暧昧，甚至不道德、不干净的地方他都去过，但这只"小天鹅"的每根羽毛依然都散发着光泽。

　　尽管别人经常被他所打动，但他也经常因他难以捉摸的顽固、急躁、考虑不周、缺少判断、记忆力不佳及完全的健忘让别人对他感到失望，今天还是他最喜欢的人和物，明天他便将其遗忘了。他没有持之以恒地完成过任何一件事，往往每件事情刚开个头，就被他中止了。他曾在某个地方接受过教育吗？二十岁的他还是对什么都不知道。一些随意提问他的人，对他的看法惊人的一致：他做不了任何事情，如果他能做一个小乡村里的牧师就已经很了不起了。持这种看法的人对他绝没有任何恶意，卢梭对他人的这种看法也丝毫不在意。

　　他今后的生活，竟出自和一个妇人的偶遇。1728 年，在安西他与华伦夫人初次相见，这次相见使他激动万分。五十年后，在他最后的作品中，他认为华伦夫人是悲悯的"阿母"，也对她发出了感激之情，这是一种感恩的表示：因为母亲不在身边的孩子渴望得到母爱，而就在华伦夫人那里，卢梭找到了他所需要却从未拥有过的母爱。

　　这位年轻"阿母"对卢梭抱有很大的期望，希望卢梭能找到自己的生活。尽管对卢梭自己来说，成功对他没有任何的吸引力，但这位自幼年起就开始四处漂泊的游荡者，还是依着"阿母"对他的期望，徒步出发去寻找自身生活之路。此次的旅行，始于西市止于都兰，途经阿尔卑斯山、里昂、洛桑（Lausanne）和纽沙泰尔。行走这些地方，从始至终，一直是徒步的。在旅行中，边游荡边梦想，已成为他每天必做的事，此次漫游路途是遥远的，卢梭一直徒步到巴黎。这次旅行不过是他们短暂的分离罢了，之后他又返回"阿母"的身边，这时候华伦夫人已在香彼里居住和生活了。她，虽然对卢梭的旅行时间的短暂无法释怀，同时却又感觉他能深深地吸引自己，于是卢梭就在她家住了下来。在他们的想象中，对方非常温柔，极富肉感，这种想象使得他们易于疏忽彼此的缺点，沉浸在对对方的幻想当中。尽管华伦夫人仁爱慈善，但也会纵欲过度，甚至，面对最爱她的人们，她回应的态度也非常冷淡，他们一离开，她就将他们很快抛到脑后；她从来都没去了解卢梭究竟是怎么看待她的，即使让她知道卢梭对她的任何看法，她也丝毫不会放在心上的。与香彼里相隔不远的夏梅特，有一所十分宜居的房子，1738 年至 1740 年的这三年，卢梭觉得自己仿佛生活在"乐园"中，整天都像在做梦一样，因为他们同住在这个房子中，共同度过了三个愉快的夏季。在此期间，他不但体验着"毫无杂质的快乐"，同时也着手研究他的文学教育。和他早年随心所欲的生活一样，他依然保持性格中与生俱来的东西——依旧没有任何计划地阅读蒙田（Montaigne）、拉·布鲁耶尔（La Bruyere）、培尔（Bayle）、波绪埃（Bossu-et）、伏尔泰等人的著作。卢梭坦言，哲学家伏尔泰尽管是他未来的敌人，但和他的通信，对他的研究给予很大的动力，不仅如此，他的写作也始于伏尔泰的刺激。卢梭说："这本书带给我非常高雅的感觉，他的著作非常美丽，能鼓舞我学习古典著作，从事雅致的写作，并尝试着用他的风格去写出优美的作品来。"

总的说来，我们也许会认为他没有接受过完整的教育，比起"百科全书派"人物所接受的那些教育，他是那么不足。确实，他除了读过普鲁塔克、塔西塔斯（Tacitus）、塞内卡（Seneca）的作品，加上一丁点儿柏拉图抑或维吉尔（Virgil）的作品外，古典著作并没有读过多少，更不用说对古典知识的掌握了。但是，他是个天才，拥有聪慧的天资，因此蒙田和波绪埃等学者引用过的例子，以及缪拉（Muralt）——他的瑞士同胞对英国文学的研究，他都能通过直觉把它们装在自己的脑子里，通过自己的理解，使它们又有了新的内涵。

此外，任何一种书籍都不是他最伟大的教师。"自然"才称得上是他的教师。他对自然的热爱可以上溯到幼年时期，这是一种虽不曾专门花费笔墨，但却贯穿于他作品始终的热爱。自然，已在他一生中打上了深深的烙印。此外，他身上也表现出了华伦夫人的某些特质，这些吸引人的特质深刻地影响着他，并使他的情绪极易发生变化，在他的晚年，这种情绪更加凸显出来，这使得他和东方的大神秘主义者，表现出惊人的相同之处。

第3章　初露头角到名声大噪的日内瓦青年

1741 年，在他外出旅游期间，有人趁机来到华伦夫人身边，取代了他的地位，他觉得自己惨遭欺骗。为此，他只好离她而去，直奔巴黎。那时他三十岁，十五个银路易，一部关于喜剧的短篇手稿，加上一个新的记乐谱的方法，这些是他仅有的财产，他将名利双收的希望寄托在这新的记乐谱的方法中。他时常觉得，与成为文学家相比，他更擅长成为音乐家，尽管他的音乐才能和一般的乐谱家相差无几，他的创作也不多，更缺乏这方面的训练，但是当他的文学作品在社会上获得一些声名后，他仍热衷于音乐。

因着作品的声名，他的生活开始挥霍起来，在咖啡店和沙龙之间频繁出入。但他从中也得到了好处：他在这些地方，认识了封坦奈尔（Fontenelle）、马利佛（Marivaux）、康狄拉克（Condillac）和狄德罗。特别是狄德罗，最后和他成为最好的朋友。当地的贵妇们也被他所吸引，1743 年 5 月，她们介绍这位从日内瓦漂泊而来的青年，在威尼斯的法国大使馆担任秘书之职，其实，他没有任何足以担任此职位的资格，只是恰巧借着一种机缘，这是贵夫人们为他提供的可耻的机缘罢了（在当时，这种做法是再正常不过的事！）。但他却和大使的相处不够融洽，因此 1744 年，又离开威尼斯去了巴黎。在巴黎，他和狄德罗又重逢了，当地的富商们豪爽地为他提供了奢华的援助；他的几篇短歌剧上演了，他改编的伏尔泰和拉摩（Rameau）的作品也被搬上了舞台。此后，他和泰莱莎·勒·华色儿（Thérèse le Vasseur）① 同居，卢梭与她一直相伴，直至她死。他们相伴期间，她生了几个孩子；遗憾的是，他把这几个孩子都遗弃在孤儿院。为这件事，尽管他曾替自己辩护过，但他的各种理由都是不值一提的，他自己也知道这些理由是借口，它们不能真正感动自己，永远不能使他满意。因此，临终时，对此事的后悔与愤恨仍盘桓在他心里。

三十七岁时，他依旧是众多平凡著作者中的一员，仍处于困苦之中，他和其他平凡的著作者一样，靠着富人们的接济，靠着拾取伙伴们餐桌上的残羹冷炙度日；他命运波折而前途未卜，在 1749 年的夏季，他仿佛被雷电击中似的，这事正是我之前说过的那件事。他每次提到此番变故时，总觉得心有余悸。

一天，他去慰问梵孙莱（Vincennes）地牢中的狄德罗，他因违反出版法而被禁闭在此。这天的天气格外的热。近六公里的路程一点儿林荫都没有，他就沿着这样的道路步行，走了一里又一里，为使走的这些路让人看起来不那么急促，不那么无聊，他拿出一册文学评论的书翻阅起来。突然，他瞥见第戎学士院（Academy of Dijon）的公告，他们提出了下列需研究的问题："科学和艺术的进步，到底是改善了道德还是败坏了道德？"对此问题进行征稿并嘉奖。刹那间，他的目光好像被无数道光线照射

① 这是一位旅馆的女仆，结婚同居二十五年以后，她就死了。——译注。

着，他的大脑被许多有生气的思想冲击着，这种照射和冲击使他感到喘不上气来，他觉得自己就要昏倒了，他就势倒在道路旁边的一棵树下，在这棵树下的半小时内，他的思想处于错乱状态，等他恢复神志的时候，他发觉泪水不知什么时候湿透他短衣的前襟。他感叹道，"在那一瞬间，我仿佛到了另外的一个世界，我已不是我自己了"。这时在他脑海涌现出的，不仅是第戎学院提出的问题的答案，而且有一连串观念在一起不断相互交织着、碰撞着，犹如打开的水闸激起的浪潮一般，一个"伟大真理"在他脑海中形成了。此时他还没意识到，这些真理将成为他整个的事业，而这一连串的观念是其最基本的要素。这次内心排山倒海般的冲荡，显示出他生命的真正价值所在。

他觉得这时代正在酝酿着社会的不安，对于这种感觉他特别感兴趣。因为他既不属于法兰西和巴黎的集团，也不在君主专制政体的统治之下，这种君主专制，道德低下，对生活态度不恭，不过，凡此种种却恰好调解了它的专制。因此，在此中生活的大部分独立著作者，如"百科全书派"，都去努力适应这种专制统治，他们一方面攻击这种弊端，一方面又利用这种弊端玩世不恭。人生的前三十年，卢梭是瑞士的一个涉世不深、无所事事的人，在快乐的生活中，在被萎靡不振包围的氛围中，他成了一个懈怠、懒惰的孩童，还没尝到社会和法律约束的滋味。因此，他对于矫揉造作的学者圈，巴黎宫廷生活的虚伪道德，有着比其他人更敏锐的体察。最初，他对此感到不安和压抑，但是他抑制着他的反抗和憎恶的情绪，对此表现出极大的容忍。可是这些情绪一刻也不曾停止过。现在，它们终于爆发了。他的著作一经发表，将社会的罪恶（腐败和不公正）都毫不留情地揭露出来了。他以一次孔武有力的抨击，开启了他一向所不曾意识到的一种使命。

此次著作造成的反响，是他始料未及的，是他自认为正确的见解，他觉得这只是一本相当平和的作品。但是，舆论抓住它的反响，赋予它一种革命的意义，对此舆论，卢梭根本就不认同，极力否认，但成效不大。人们还是认为他是破坏文明的先驱者，依据是他曾经的言论：一切文明的胜利，都是毫无意义的。他仅有的要求是把他自己，以及他的日内瓦小国从所谓的文明中拯救出来而已，希望将它们带离那个过分文明，以致到极端病态地步的环境，从而使其避免受到这个过度文明的世界的伤害，避免"人种的退化"，仅此而已。他认为这种过分的文明是不治之症，并没有寄希望于此，更不会企图去医治它。

我们知道，一般人只会空发议论，天才却会付诸实践。他既然已经握笔在手，就不会让手空握，因此他不会停下来，会一直往前走。由于第一次"论文"的空前成功，彰显了他横溢的才华，这使豪迈和德行在他的心里发芽、成长，在他幼年时期，它的种子就由他的父亲、他的祖国和普鲁塔克撒下来了。

值得我们注意的是 1749 年对他的"暗示"，这一年，他正好得了膀胱病，此后这种疾病一直困扰着他，使他变得狂热和躁动，并一直持续到死。他的疾病似乎就一直这样下去了，健康无望了。1749 年，医生们都认为他活不过半年了。我们能想象得到，这个定论，会使一个真诚而坚强的灵魂陷于怎样的混乱和无助！但此时，反而任何事物，在卢梭看来，都不是令人感到恐惧的了。

的确，这个"日内瓦青年"不再害怕任何事物了。他也明白了许多事理，发现自己以前所尊重的那些哲学家，尽管这些哲学家也认同卢梭的思想，但其教义中"有一些错误的言论和愚蠢的想法"，他对"社会秩序带来的只是压迫和穷困"深信不疑。他每次以毋庸置疑的口吻对大众提出他的这种想法。他认为："要使听众信服自己，就应该使他的实际行动和他所倡导的想法一致"。卢梭也做到了。他彻底改变了他的着装，脱下了他的长袜子、放弃了精致的衬衣，变卖了他的表，丢弃了他的佩剑，将装束变换为：用厚布缝制而成的一身普通衣服，一头圆的假发。不仅如此，他还辞去了会计员一职，声称要通过自己的劳动，以抄写乐谱者的身份去养家糊口。这是他遵从自己的内心而发出的一种变革。一个世纪以后，以卢梭为榜样，为他的思想所激励的托尔斯泰，效仿卢梭的所作所为，也大声疾呼——"我的确改变了"。这种转变使得大家都认不出卢梭了：他不再是羞涩的、腼腆的、不谙世事的日内瓦青年，不再是任何事物都能让他轻易受到伤害的年轻人了。大胆、骄傲、勇敢，这是人们对他新的认识，大家完全蔑视他和他的道德、信条，对他充满成见，但卢梭对这些持着成见、嘲讽自己的人们毫不理会。他说，他将用自己全新的言论推翻这些微不足道的嘲讽，这种交锋对他而言，和用手指捻死一只小虫一样容易。这真是让所有人为之一震的转变！他犀利地指出社会的问题，痛斥社会秩序的不公，这种冷言冷语，巴黎所有的人都争先恐后地相互转告着。这在两年前是不可想象的，他也永远不会想到，十年之后，当时所必须说的话引起的轰动，因此也就不会费心去想如何遣词造句了……

　　假如以后，他提及他曾经受的迫害的话，我们就要探求他所受迫害的根源，就必须寻找引起这种迫害的矛盾来自哪里，这就不得不从他和大众之间的战争来寻找答案，而他们之间的战争恰恰是他宣布的，他对他所处的时代和整个社会进行了毫不留情的批判，这就激怒了相当一部分保守而有权势的人，从而造成他所受的迫害。在他的关于讨伐科学艺术和文明等的恶行的论文之后，1753 年，他又发表了《论人类不平等的起源及基础》，它更加深入地论述了革命意味着什么，因此其社会意义比第一次论文更为深远。卢梭深信不疑地认为，他自己内心所燃烧的革命激情，他本身思想上令人费解的逻辑都驱使他前进，直至让他排斥"财产"观念，因为这财产是产生人与人之间不平等关系的始作俑者。而国家却以法规的形式，认可和鼓励这不平等的关系，卢梭对此非常排斥，质疑这种规定，他还揭露国家的腐败现象，并认为这是致命的。在这些国家里，权力是富人们的专利，他们专横而肆意地窃取、占有着大众的权利，仅他们占有这些权利是罪恶的，因为这不平等将使人类陷于受奴役的悲惨命运。他反对将来由富人治理国家的民治主义①。在卢梭之前，十八世纪许多哲学家，早就提出过大致论述此思想的大胆言论，但迄今还没有一个人能用哪怕一丁点儿意志力，为他的大胆思想和言论做出积极的努力。好在卢梭做事并不会半途而废，他认为思想不是昙花一现的事，对待思想的态度，应该是非常严肃的。当他批判富人们时，已引起了他们的不安，当他疾呼"专制统治已经逐渐抬起它可怕的头"，呼吁将暴君勒死，或废去他的统治，此种革命是一种"合法的行动"时，更引起了他们的恐惧。

他的"危险"不仅体现在这些危险的思想方面，他还充分利用了自己天才演说家的才能，运用惊人的演说，掌控全局，点燃了听众的激情。他创造性地研究出一种户外的讲演方式，成功地刺激了现场群众，这种演说方式带来的影响，是没有一个俯首疾书的著作者可以与之相媲美的。

_____

① "在一个君主专制的国家里，个人的财力决不能使他在国王之上，但在一个共和国里，他的财力就很容易使他凌驾于法律之上。那么，政府就不再握有权力，而富人常是真正的主权者。"（寄达隆培尔的信）——原注。

在他给达隆培尔写的第三封信里①，足以看出他对滔滔雄辩的热度，这种雄辩也足以引起舆论的高度关注，激发它们讨论的激情。其中某几部分，早已成为革命的演说词。这使达隆培尔这个卓越的学者感到了威胁，尽管他参加了五六个学术团体，但这个只有"日内瓦公民"一个头衔的、鲜为人知的青年，在争论中，和他不相上下，竟让他心里有些害怕。

"如果和像你那样的'笔'交锋，该是一件多么危险的事。……你知道怎样取悦受众，你即使蔑视他们，也能用你的蔑视来取悦他们……"

他竟把卢梭比作马丁·路德。

---

① 即《寄达隆培尔》，成书于 1758 年，全书共 283 页。——译注。

第4章　隐居的自由败给了内心的"恶魔"

　　然而，卢梭向往的仅仅只是独自一人隐居在大自然界中，最好远离民众和世界，离开巴黎。因此，当轻快活泼的苔毕娜夫人邀请他时，他果真这样做了。他欣然接受了这位普通佃农的妻子的好意，甘愿隐居在蒙莫朗西（Montmorency）森林中的"隐庐"之中。1756年4月9日，他便在这里开始了居家生活。他说："我真正的生活，应当从那一天算起。"

　　他以前的朋友，他的同僚，都不甚理解他的心意。他们对他的隐居行为颇有微词，都一致批评他，认为他这样做，只不过是为他人提供闲来无事的谈资罢了。或许出于深深的厌世心理，1762年，在给马尔舍伯（Malesherbes）的信中，卢梭深感有为自己辩解的必要。他说，他之所以隐退，真正原因在于："那无法摆脱的对自由的向往精神，那是任何事物能不能战胜的，在它面前，所谓荣耀、财产，甚至名誉，都变得无足轻重。"他又发自内心、由衷地说："不仅如此，他内心里激荡着的自由精神，竟是由懈怠、懒惰引起的，这些懈怠和懒惰虽大于自尊心，但这游荡和懒惰的过程真是不可思议的：在此期间，任何事情都能引起他的不安；就连生活中，公民最小的义务都无法忍受；说句话，写封信，作一次访问，即使这些事情对别人而言是必要的，但于我都是一种煎熬。……"他青年时期的所有努力，都只为达到一个目的："幽居与休息。"如果一旦他发现自己可以享受到这些时，他就立即放下一切，督促自己要好好利用这些契机。

但是，他内在的恶魔却破坏了这一切。

这恶魔便是写作的冲动，它破坏了他的幽居。

最后，他的后辈——日耳曼的浪漫主义者，极大地"仰慕"着他独居的"隐庐"，对他"悲伤苦痛中夹带的狂喜"、"带着眼泪的微笑"等，都表现出浓厚的兴趣。然而，尽管才四十四岁，由于在自我身体的掌控方面表现出的力不从心，使他感到的却是生命的衰竭。为此，他在写作中，用轻快的笔调，借以慰藉充满向往的"他永不曾满足的爱情"。于是，他纵情沉湎于他为自己营造的极富情色的梦境中。他写道：

"那是一年中的六月，丛林下布满着阴影，夜莺唱着美妙的夜曲，溪水潺潺地流动在身边。……"他的身边，"围满了一大群美女"。在这一群美女中，他称自己为"不羁的放牧者"。他的梦想在他的著作中马上显现；他眼前想象的这些景象，成就了他不朽的传奇之作——《新爱洛绮丝》(la nouvelle Héloise)。金发碧眼、皮肤白皙的朱丽 (Julie) 和棕色头发的克雷尔 (Claire) 就是作品中的女英雄。他和她们在蒙莫朗西的森林中自由自在地游荡。为了使自己也成为他梦境中的主人公，他又写了几篇通讯，放在该书的开头，而这几篇写作完全不在他的计划之中。

1757 年春节，他正夜以继日地伏案写作时，迷恋上了苔毕娜夫人的嫂嫂杜黛陶夫人，并一发不可收拾。但当他再度回到他的写作时，他觉着很羞愧，他反对世界，反对一切恋爱文学的美好说辞，但他的"朱丽"正是他所反对的，显而易见，他和他所反对的事物是极其矛盾的，这种矛盾让他深以为耻。

"他坚定地宣布自己的原则之后，他认为这部作品是颓唐之作，它只是受到爱情鼓舞的产物罢了，并对其加以痛骂，之后——"，他自己竟向敌人屈服了。他试图使他自己的思想恢复自由，然而最终以失败告终；他完全陷入自己颓唐的写作中了。他企图"将他幻想中的色情纳入道德的范围"，这种做法使他的作品在道德方面不遭人诟病，成为无须争辩的事实。然而，这自由幻想的热情和说教的道德结合得非常牵强，以我们今天的眼光看，他的小说略显笨重和僵硬，不过在当时，这部作品却是他人难以描摹的，因此获得了成功。这也使得和他同时代的作家，自然会因妒忌而攻击他，其中伏尔泰的攻击尤为突出。但是，舆论仍狂热地追着他不放，宫廷中的贵妇人尤其是这样。他的"朱丽"感动了很多的人，使她们潸然泪下。一切的批评，在如此巨大的热情面前根本不值得一提。

尽管反响如此之大，却也扰乱了卢梭所追求的清净。各方面的纷扰迎面而来，其中就有情感方面的，迫使他不得不离开他的隐居之处。他和他的女主人苔毕娜夫人发生争执后，移居于蒙·路易（Mont Louis）——蒙莫朗西森林的另外一所宅院，随后再次搬迁，搬到蒙莫朗西城，那里地位最高的人是卢森堡公爵及其夫人，他受到了前所未有的盛情招待。

当然，这使他再次成为同时代的文人才子们嫉妒的第一目标，他们不时地给予他无情的嘲笑，再三地指出：他不是隐士吗？他不是沉溺自然的人吗？不是一位杰出的社会讽刺家吗？居然还能设法成为理财能手？看来他只不过是宫廷官员府中的食客罢了！卢梭自己也发觉了他的这些矛盾之处，并深感痛苦；但是他又深陷于此——无法抗拒他的贵族朋友对他慷慨的赐予，并欣然接受这些恩惠——而无法自拔。他在他们的慷慨资助之下，过了几年衣食无忧的日子，在此期间，在这些华贵的府中，他写出了个人最伟大的几部著作：《新爱洛绮丝》《寄达隆培尔》(*Lettre a D'Alembert sur les Spectacles*)《社会契约论》和《爱弥儿》。

他思忖着该给他的文学创作生涯画个句号了。因为，据他估计《社会契约论》和《爱弥儿》的版权净收入，约有八千或一万法郎，这些收入，可以使他为自己和他的泰莱莎购得一笔生活年金。这计划如果可行，他就可以继续去各个地方周游了，在这些地方随意逗留、游玩，过幽静的隐居生活，闲暇之时，他还可以趁机写作，赘述自己的一生。他传达给我们的是这样的看法："这种生活是其他事物所无可比拟的，写作的唯一真实之源，将来总会有人明白他的用心。"这本《忏悔录》，好像是他对生活自言自语的表白，在他生前并没有印制、发行，字里行间，用充满快乐的笔调显示出他对隐居生活的满意，世俗的烦恼都丢到脑后了。

他尽情地享受着这惬意的时光，根本就不会料到，可怕的浪潮即将向他袭来，这浪潮将他从蒙莫朗西的寓所甩出去，并缠住他不放，直到他生命的最后一刻。

他的敌人真多啊：国王的宠姬，蓬巴杜夫人 (La Pompadour)；令人生畏的首相和大臣什瓦则尔 (Choiseul)；掌控巴黎舆论的德芳夫人和雷毕娜丝小姐 (Madame du Deffand and Mademoiselle de Lespinasse)，他们将卢梭看作他们秘密团体的"哲学家"叛徒。不仅如此，他们还联合了一些内心被嫉妒和怨毒占满的人——伏尔泰和法院的中产阶级即法院分子，这些人时常聚在一起，猜疑着这异国的日内瓦人，觉得他的思想是如此惊人的革命，里面潜藏着危险，最后认为他既是个无神论者，同时也相信迷信，是二者奇异的结合。他们的态度虽是犹豫的，但直到现在，他们还是一直在密切监察着一种著作，虽然卢梭本人认为这著作不是什么危险的东西。

按照我们今天的推断，这部作品应该是《社会契约论》，在成书三十年后，罗伯斯庇尔决定将它作为制定国策的重要参考，而在当时，却是没有引起人们太大的关注①；然而这本《社会契约论》却是他所有的作品中，最美丽、最纯洁、给人类带来最多恩惠的书，它是信仰容忍和仁慈的福音；它的思想和主见与教会的一切既有成见格格不入——这就是《萨伏衣牧师信仰的自白》（*Le Profession de foi du Vicaire Savoyard*），它构成《爱弥儿》的第四部分。

同时，正是这一作品，使得他的敌人认定他是集"无神论的狂热"和"迷信家的狂热"为一体，他们决定联合起来对付他。虽然他们群情激昂，却表现出激烈的内讧的征兆。"百科全书"的刊发，更是将热情的火焰煽得更高。基督教徒和哲学家之辈，"像着魔一般"使出浑身解数，互相较量着。卢梭说："或许只是由于双方的领袖能力平平，不可信赖，才使这场思想冲突退化为内乱，只有上帝知道，当争斗双方的心里装满最残忍的、不能容忍的东西时，会使内战或宗教的战争升级到什么地步。"卢梭，围绕在这险恶的氛围中，觉得非常痛苦，他本想用他的《新爱洛绮丝》《爱弥儿》以及他的《信仰的自白》，试图缓解这两个阵营

---

① 至少在法国是这样，因《社会契约论》已在日内瓦焚毁了。卢梭对此自是极其愤慨。他说："我这本著作攻击一切政府，而并不为任何政府所禁印。它只颂扬一个政府，并建议应以这个政府为榜样，而它就是在这一个政府之下被焚毁的。日内瓦的长官为了他荐举他国内的法律给其他的国家，而处罚他自己的公民。"（给蒙田第六次通信）——原注。

的势不两立，使他们言归于好，并把容忍的道理陈述给他们——结果，反倒使他们一致来攻击卢梭自己。

很长时间之后，他才发觉自己处在危险之中。虽然平时他是个多愁善感、杞人忧天的人，但此时他却拒绝听从朋友们的劝告，不理会他们对他的一片好心，在《爱弥儿》几近出版时，他们都觉得不可思议。卢梭写这部作品时，内心一直沉浸在狂喜之中，他想以这本书来补偿他的得而复失的孩子们。他那时住在一幢迷人的小别墅里，这是一位卢森堡公爵赠给他的，别墅四面环水，使得它恰似一个"美丽的小岛"，在这里，他和他的泰莱莎相依相伴。

就连他的猫和狗，在蒙莫朗西森林的边缘，都不曾听到过叫嚣着的怒吼声。当他开始意识到危险，产生恐惧时，他的感觉如同从高处突然坠落一般，慌了神志，他看见周遭充斥着危险，开始斥责耶稣会士，然而那时，他们却被一些别的心事困扰着，他们正在遭受迫害，一切天主教国家都容不下他们。根据卢梭的病情，他的医生们通过研究：断定他的第一次"迫害狂"症的严重危机正是起于 1762 年年底。这种沉重的打击引起了他的此种症状，同时恰逢泌尿病猛烈的发作，由于饱受此病的折磨，曾有一些时日他都有了自杀的念头。

正当遭受这些痛苦折磨的时候，巴黎法院又下达给他一道恐怖的命令。《爱弥儿》在荷兰出版以后，在不到二十天的时间里，即被判定为应该烧毁的书籍，甚至还没来得及把书运到法国，法院就发文要批捕作者，而且事先也没通知过，这是 1762 年 6 月 9 日发生的事。6 月 11 日，书在巴黎法院的大楼梯下被当场烧毁，且当时还有传言，如果仅仅只烧毁书籍，不足以起到惩戒他人的作用，作者也应当被烧死。卢梭的保护人，那些法国最有权势的贵族们——如卢森堡公爵，布夫雷尔领主（Boufflers）、孔提领主（Conti）——他们怕这事会波及自身，于是怂恿他逃亡。6 月 11 日那天，他听从劝告，带着不满和悔恨从巴黎出逃了。他的《忏悔录》里有一段回忆文字，曾以动人的笔调，详细追述了那个别离和逃亡的夜晚。他逃到了祖国——瑞士，他以激动的情绪，俯首虔诚地吻着"自由之土"。

不久，对瑞士所谓的"自由"，他就领悟了。他的敌人无所不在地迫害他，手段残酷，令人难以置信。巴黎烧书后的第九天，日内瓦也按捺不住地要烧毁《爱弥儿》了，随即是伯恩，接着是纽沙泰尔，步步紧逼，如出一辙地烧毁他的《爱弥儿》。"全欧洲将矛头一起指向我，形势是我从来没经历过的严峻。人人都当我是基督教的叛徒，一个无神论者，一个疯子，一只像狼一样残暴的野兽。"他相信世界已步入疯狂的状态。

这也没什么值得惊讶的，一个手无寸铁且软心肠的文人，时常因饱受恶毒病症的折磨而苦恼着，各种怨愤、忧虑集于一身的情况下，他自然会失去强有力的逻辑思辨能力，因此"迫害狂"症与日俱增，且今后最终将沦为它的牺牲品。在他的想象里，似乎全世界都在联合起来迫害他，尤其每逢孤独寂寞，情绪激昂时，他的想象便织成一张荒谬的网，认为全世界都在酝酿着迫害他的阴谋；在这个网的中心，他相信他看见一个未知的力量，他无法给这个力量命名，它意在使他受到煎熬，受到各种最可怕的痛苦。

在纽沙泰尔，这个属于普鲁士国王领土范围内的地方，卢梭找到了暂时可以避难的地方。虽然他不情愿承受腓特烈二世（Frederick Ⅱ）的美意，他甚至有些讨厌这个国王，这一点也是他的与众不同之处，当时许多的法国大哲学家极力向腓特烈二世大献殷勤，极尽谄媚之能事。（这是值得注意的，卢梭这位孤独的梦想者在政治方面，判断力比伏尔泰更准确、更稳固。）

　　1762 年 6 月 9 日，他在一个叫作摩狄尔（Motiers）的地方，特拉维谷（Val-de-Travers）处找了一所房子，在那里，在普鲁士国王的统治之下，由于贤明的统治者基斯爵士（Lord-Keith）、马沙尔爵士（Lord Marshal）的庇护，他住了两年半。卢梭所拥护的大贵族，正是像他们这样的，既有自己卓尔不群的主见，又有开明的思想。但由于马沙尔爵士，就连这一庇护也没有了。此种情景之下，他最需要做的是不引起别人的注意，他却极不在意地拿起笔重上战场，1764 年 6 月至 10 月，他的《山居书札》问世了。在这个册子里，他对他的敌人即日内瓦的教会和国家进行了有力的笔伐，并以真正基督教的名义，控诉基督新教的伪善。

　　所有的牧师们将手中的武器一致对准他了。摩狄尔教堂的大门对他紧闭，不让他踏入半步，教会的圣餐礼也不让他参加，并指控他背叛了基督，宣传反基督的言论，教会还纵容人民也攻击他。在田野上，有人将笨重的石块砸到他的身上，他还受到持枪者的威胁。1765 年 9 月，在夜间，他的住宅受到不明的袭击，他不得不仓促地舍家而去，幸好有伯恩（Bienne）湖中的圣彼尔岛（Ile de St. Pierre）供他留居，在此住了大约一月，他觉得在此度过余生也是个不错的主意（在《孤独散步者的梦想》中，就有一篇文字，用最美丽、生动的语言记述了这一段短暂停留的时光。），可是伯恩的当局仍然容不下他，命令他必须离去。他再度踏上了逃亡之路，不得不从瑞士——他的故国——逃亡，她拒绝承认他是她的公民，而他现在也不得不说这片国土也是"冷酷无情"的。他途经巴黎，但是巴黎却没有权利收容他，经英国哲学家休谟（David Hume）的邀请，他在 1766 年 1 月，从伦敦，辗转到了得比郡（Derbyshire）的乌登（Wootton）。但休谟和卢梭并没有真正了解彼此。休谟向来以冷嘲热讽著称，但他对卢梭的敌人态度模棱两可，尤其和他英法的最大敌人们有着秘密的来往，使生性敏感的卢梭，一开始觉得非常诧异，继而怒火中烧，他不由得怀疑休谟也是敌对阵营中的一员。后来休谟毫不犹豫地把卢梭的狂热、把他们之间谈话的亲密隐私都泄露出来，毫无保留地让对他极其厌恶的"百科全书派"知道，让对他怀有恶意的世界知道，此举证实了卢梭的疑虑不是空穴来风。

这对卢梭来说无疑是个沉重的打击，使他那可怜的头脑变得错乱，甚至发狂了。处于极度震惊和慌乱中的他，1768 年 5 月，又开始从英国逃亡，期间也到过法国，从一个地方逃到另一个地方，好像一个通缉犯一样①。当他的错乱达到极点时，每一封信都被他撕毁了，"我无罪啊"的呼声也由他口中情不自禁地喊出。最终，当局终于同意他返回巴黎时，他住在石灰窑路一间不像样的屋子里，靠抄写乐谱维持生计。

他的《忏悔录》也已写完，书的最后一页全是他发狂的写照；几个朋友受邀听他读这些内容，但是他们害怕有人控告他们，因此苔毕娜夫人首先自行叫来警察，禁止他诵读。他的信件也被书信检查局扣留。这难道是平息他狂暴的方法吗？卢梭觉得孤单，尽管住在巴黎市区，但他觉得比鲁滨逊住在他的孤岛里还要孤单，他坚信不疑地认为他被监视了，他似乎成了全世界的公敌，于是根据自己的臆想，他完成了《卢梭和让·雅克的对话录》②，通过这一著作，他对自己进行了一种最温和的分析，但以最狂妄的笔调论述了反对他的阴谋。他认为，世俗之人不会同情

---

① 他想逃到美国，到爱琴海的群岛上，到塞浦路斯，或是到希腊的任何其他寂无人烟的角落，在土耳其帝国保护之下，解脱"基督教的残酷的福泽。"（1768 年 10 月第五次通信）。——原注。

② 卢梭全名是让·雅克·卢梭。——译注。

他绝望的呼喊，唯有向上帝祈祷才能解脱，于是他决定把他的原稿直接呈给上帝，将其放在巴黎市"圣母院"崇高的祭坛上。但他悲哀地发现，通往歌唱队的铁栅门也不对他敞开了！这又极大地打击了他疲惫的身心。在他看来，上帝似乎也将他抛弃了……①

此后，凭借着一颗真挚的、虔诚的心，他相信：如果上帝要让他受苦受难，那他理应承受这些灾难，他会向它们卑躬屈膝，心中虽抱有遗憾，但仍不放弃上帝对他友善的信念。

现在，卢梭的心境虽然平静了，但心智仍未恢复健康。他的最后一本书《孤独散步者的梦想》（始于1776年秋天，止于1778年他离世时），和《卢梭和让·雅克的对话录》一样，此书彰显着他的狂热，但他却是一个内心平和的疯子，尽管愁肠百结，但待人接物不失柔和，只是心志彷徨，游移不定。他不再容易被激怒，尽管生活如梦魇一样，这是极为真切的形容！他之所以如此忍辱地活着，是为了等待自己的觉醒。他相信，他不能寄希望于此世，这个世界不能补救他的理想、他的期望。……"我孤单地生活在这个世间，除我自己外，没有可以相伴的兄弟、邻居、朋友和社会。曾经是我最友好和最亲爱的人，却遭到他们毫无异议地排斥。"注定此世没人能理解他，"处在深渊的最底层，内心没有波澜，生活虽贫苦又不幸，但却像上帝一样不动其感情……"

尽管孤单、心如止水，但却绝丝毫没有损伤他的艺术，我们甚至可以说他的艺术已达到出神入化的境地。最后的《幻想集》，仿佛一只衰老而哀啼的夜莺，在孤独的丛林中低低地吟唱。他生

① 他也印制许多"向一切仍旧爱好正义和真理的法国人"呼吁的文件，而且在市街上散发。1776年4月，把《卢梭和让·雅克的对话录》的手稿交给年青的英国访问者，他，在卢梭看来，似是从天而降。1780年，这位朋友把《卢梭和让·雅克的对话录》在伦敦印行。原稿现存不列颠博物馆。——原注。

命中最后的日子，过得既匆忙又快乐，尤其是他纵情于自然怀抱里的那几天，他深觉自己与宇宙合为一体。在此期间，他深深体会到了东方意义上的圆满的狂喜，这是任何西方人都不曾体会到的。"情感中没有任何杂念，意念只集中在对生命的考量中，这里只有他和他自己纠结在一起。"植物学给他的晚年带来了极大的乐趣：他非常喜欢研究它们，不是为了满足科学的知识，而是为了要和地球上的其他生命，以及由此而唤起的一切回忆相接触，沉醉在"田野，河流，树木，幽静，尤其是和平与休息。……"他从音乐中也得到了乐趣，给他哼唱的短歌谱上曲子。这些短歌后来被编入一个集子，名为《我的潦倒身世之慰藉》。

他离世前的最后一月非常幸运，承蒙富绅奇拉丹（M. de Girardin）伸出的援助之手，使他得以从巴黎贫陋的住处搬离，迁居爱尔美农维尔（Ermenonville），一个距巴黎二十七里的风景极佳的小乡村。1778 年 5 月 20 日，他开始正式在此居住，尽情享受这"失而复得的小乐园"。此种环境使他的健康状况似乎也得以改善。六月底，一个英国的访问者马吉兰曾听到他伴着钢琴的短歌，那是一首"奥瑟罗"（Othello）集里的短歌"扫罗"（Saul），这歌曲集，便是他最后的音乐作品。1778 年 7 月 2 日星期四早晨，他与世长辞。据医师们的诊断，他是因大脑浮肿[①]而死。

卢梭的敌人四处散布谣言，说他是自杀的，我们应绝对纠正这不负责任的谣言。尸体解剖和一切检验，足以断定谣言纯属无稽之谈。再则，卢梭是最反对自杀的。

---

① 伊洛苏博士（Dr. S. Elosu）出版一本关于《卢梭的痼疾》的研究册子，1929 年出版于费敷坂彻（Fischbacher），对卢梭一生所患的一切病症，都有极详尽的记录。这是搜集研究关于这个问题的一切著作中最完备且最合理的摘要。——原注。

第 5 章　黯然陨落的星辰照亮后人的前进之路

　　这可怜的人，他一直以为，在这个世上自己是孤单的，而且注定永久是无人理解的，临死都不曾知道他不但战胜了现在，而且还俘获了未来。他的晚年，即 1770—1778 年间，他的全集已出了六版，《新爱洛绮丝》出了十版。1782 年，他的《忏悔录》第一部分和那使读者的想象都为之激动的《幻想集》，也即将要出版了，那些读者，对于他忽然在爱尔美农维尔，这个浪漫的环境中，神秘长逝感到疑惑不解。他的遗骸永久地安息在白杨岛 (Ile des Peuphers) 上，从 1780 年起，有一半法国人都来此悼念和朝拜这位疯狂的圣哲，竟连王后和王子们也都来巡礼。虔诚拜见的人们，都沉醉在对他的崇拜和敬爱中。那些哲学者们对他的妒恨，终归徒劳，他们企图极尽所能地攻击卢梭，这不但没有破坏他的名声，反而有辱他们自己的名誉。可见，一切的反对都归于烟消云散。随着革命时代的崛起，人们乞求这位日内瓦公民的帮助。和这位比卢梭早死一个多月（1778 年 5 月 31 日）的斐尼大领主伏尔泰相比，卢梭对他自己所提的原理至死不渝，始终过着平民、乡村的小资产阶级的生活。未来的法兰西革命的先驱，以及每个政党的领导者，如巴那斯（Barnace）、丹东（Danton）、卡诺（Carnot）、比约（Billaud）、瓦伦（Varenn）、顾容（Coujon）、罗兰（Manon Roland）等，尽管他们之间不得不互相吞并，但曾经却联合起来为卢梭举行祭祀庆典。布利索（Brissot）为了宣扬"不平等论"的思想，进了巴士底狱。罗伯斯庇尔，曾目睹卢梭的暮年，在他登上政治舞台之前，将自己奉献给卢梭，如同信徒将自己奉献给心中的神明一般，他在讲台上向众人宣讲卢梭的遗教。当他政治上登顶的时候，曾在 1794 年 5 月 7 日的著名演讲中，对他推崇备至。他这次演讲，替卢梭报复了"百科全书派"，给他们之间的宿怨下了定论，即卢梭才应当是我们崇敬的人，并认为"卢梭就是这次革命的导师，所以他的遗骸应当之无愧地迁葬于'先贤祠'。"他对他献上橡树叶编成的花冠，追称他为"人类的导师"。在议会的大厅里，卢梭的半身像，与富兰克林和华盛顿并肩而立。

但是卢梭的影响，不仅仅局限在政治学方面。他对德国的哲学也产生了深远影响。

康德（Kant）因读《爱弥儿》而对卢梭神往不已。他发誓说，每一次读一遍"爱弥儿"，心神都会被它时时刻刻牢牢抓住。他说："有一段时间，我的想法十分虚妄，以为有知识的人性才是高贵的，我认为人群是愚昧无知的，因此对他们充满蔑视。卢梭却使我重新变得耳聪目明了。我那无端的优越感没有了；我已知道了人群的可贵。"此外，《社会契约论》对他的影响并不亚于《爱弥儿》，使他同样深受启发。卢梭的思想对他构建自己的道德体系有很大的影响，他提出一个原则，说："自由是人类的本性。"之后，马克思主义的创造者，不仅吸收黑格尔（Hegel）的辩证法为我所用，还经常举卢梭著作里面的例子，充分显示了它们对他的影响。

德国"狂飙运动"时期的一切天才，无论它的先驱莱辛（Lessing）、赫德（Herder），还是后来的歌德（Goethe）和《献给卢梭的短歌》作者席勒（Schiller），他们都十分崇拜卢梭。

体现卢梭革命精神的不仅是他的思想，还有他的写作。他的写作充分体现了他的情感，并有一套相应的表达方式，这方式还改变了下一个时代的艺术。卢梭拥有诸多才能，活跃在不同的艺术领域，并且每一种艺术，都有他的一席之地。他是天才的大演说家，在法国，除波绪埃外，没有人可以和他相媲美；在无意间，他复兴了古罗马公所（Forum）的雄辩术。他的一些作品本身就是可以使人信服的演说。他演说的音调像狄摩西尼斯（Demosthenes）般协调，激情万分。

同时，内心的情感，也是他擅长描写的，大声说出自己的幻想，真心诚意地忏悔。他有心理学上的怪癖——这一方面固然是因为他是个天才，另一方面和他的病症也有很大关系——主要源于他的自我主义（egotism）。他不顾虑社会的习俗，也没注意通俗文学的写作样式，只按他自己的想法行事并从中发现了真"我"。正如他所说的那样，他的工作是在"暗室"中进行，除了几条有标记的路线，他能正确地遵循外，没有其他艺术是他可以遵循的。他时刻都在审视自己，毫不放松。这一点，在他那个时代，除了蒙田，还不曾有人能达到他这样的高度。以至于就连卢梭自己竟也质疑自己，好像这种"审视"只是为了演给公众看一样。

现在，卢梭对自己的大胆展现，就是对那个时代的大众的大胆展现，赤裸裸地揭发着被压抑的内心的一切。可以说，他解放了现代人的心灵，他教他们如何剥去套在上面的层层枷锁，去认识自己并表达自己。

还有值得一提的一点是，为了更准确地表达这新时代，他必须去创造一种新语言，这种语言既能自由表达自己，又不显得锋芒毕露。

"我像选择其他事物一样选择我自己的文体。我并不想让它千篇一律，有章可循；我顺着自己的喜好，常使用我随时想到的文体，毫不在意他人的评价；我要把我所感知到的每种事物都说出来，胸有成竹地说出它原本的模样，不想受到任何干扰，也不会因任何复杂的现象而感到困扰。当我沉浸在自己所感知的印象，在回忆中呈现情感时，我要极其细致地描写我心灵的状态，就是说，在现象发生的时候，在描写它的时候，我的文体是多变而自然的，有时是短促的，有时是冗长的，有时聪明，有时疯狂，有时严肃，有时又变得轻快，它多变的本身就是故事的一部分。……"

即使是天生的音乐家，心里也要装着乐队指挥者的指挥棒，否则，这丰富的节奏和情绪，就会陷入无序之中。1760 年，他给他的发行人雷（Rey）写了一封信，说他自己确实是一个音乐家，他深刻地体会到"在文体上，和谐的意义重大。所以在他想明白之后，每次都首要考虑的是和谐。"如果有为了获得和谐的需要，他甚至可以牺牲故事的真实性，如果文法与和谐相冲突，为了顾全和谐起见，他也会审慎地牺牲文法。在卢梭，是用有节奏的语言去记录思想的发生。在思想发生时，他并没有把它们写下来，而是首先构思他的完全句和各个句子。毫无疑问，他是伟大的散文作家和法国浪漫主义的先驱，这既可以从他敏锐的感觉和思想中看出来，也可以从他的韵律和节奏中看出来。沙多布里安（Chateaubriand）和拉马丁（Lamartine）深受卢梭的此种影响；

密施雷（Michelet）和乔治·桑（George Sand）同样受益于卢梭的思想。

他的《爱弥儿》为现代教育的一切学说奠定了基础，包括他关于儿童的认识也使人们深受启发。在日内瓦，闻名于世的新教育学院，以卢梭的名字命名。他，虽然看起来很柔弱，但在指导人们的良心方面，他的行为和作品却证明是值得我们敬佩的，他刚健而质朴，对真正的道德并不苛求，而是有一种仁厚的本能，他要求的这种道德是稳健而富有生命力的；既不是由某些抽象的原则构成，也不是一些"主义"（Gredo）的陈列，而是针对人性中正当的需要和当前的缺陷所要求的，十分合于人道。

在卢梭之前包括他的时代里，著作家们都习惯于用古典的思想去论述问题，即喜欢下绝对的判断，这就卢梭而言，真是一件奇异而需值得我们注意的事：他从事的是法则的创造的工作，既不失所需要的严正态度，又与现代的相对论（Relativism）思想完全如出一辙，也和他对任何异己意见的笑纳相一致。在《寄达隆培尔》中，他认为任何原则都是相对的，并对之进行了清晰地阐释，如权利、判断、史实等，在他之前，各个时期都认同静止的唯理主义（Rationalism），卢梭的不同之处是，他对于万事万物的运动（movement）有锐敏的感觉，他为现代思想中的"动力论（Dynamism）"，为歌德的"死和变"（Die and Become）奠定了理论基础。

他为文学在表现潜意识方面打开了一扇窗户，并使其逐渐变得丰富，一向是被蒙蔽和压抑的生命的各种秘密活动也被他挖掘出来，并指出使生命活动持久骚动的媒介是"力比多"（libido）。因此可以说，弗洛伊德主义（Freudianism）也受到他深刻的影响。

不仅如此，卢梭对青年时期的托尔斯泰（L. Tolstoi）也产生了极大的影响。在他还是一位少年时，就在胸前佩戴一块刻有卢梭肖像的纪念章，这对他来说无异于神像。他对自我道德的叩问也来自卢梭的启示，在雅斯纳亚（Iasnaia），巴立亚纳（Paliana）的学校，都以卢梭的教条为基础，以卢梭的言行为榜样。到了晚年，他仍信奉卢梭。他们不仅在艺术方面相似，即使在宗教方面，情怀也显著相同，托尔斯泰说："读卢梭的作品时，我的内心是那样激动，我相信我会把它们再阐释一遍。"的确，他已把它们重写了一遍。他同样是我们的卢梭。

卢梭对现代思想的影响，不曾停止过。少年日本和新中国也都吸收着他所遗留的教条。

最后，对于这伟大的音乐家兼诗人，请允许我表达一下我个人的感激。当我在美丽的利曼湖畔散步时——耳畔回响着卢梭的声音："我的心飘荡在这个湖的四周，久久不想离去。"我与我的幽灵经常相遇，从维尔纳夫（Villeneuve），这个我住的地方——正是我写这段文字之处——的窗棂不经意一瞥，我见到了克拉伦斯（Clarens）荡漾的水波和近旁斜坡，在它上面，在苍翠的树林间，朱丽的幽居耸立着，散发出玫瑰色的梦幻。

卢梭的论文

作者罗曼·罗兰从下列各书中抉择并整理卢梭著作的精华：
《论人类不平等的起源及基础》（*Discourse on the Origin of Inequalities*）、《寄达隆培尔》（*Letter to D'Alembert*）、《孤独散步者的梦想》（*The Reveries of a Solitary Walker*）、《社会契约论》（*The Social Contract*）、《爱弥儿》（*Emile*）、《新爱洛绮丝》（或《朱丽》）（*The New Eloise，or Julie*）。——译注。

卢梭的三篇论文——第一篇：《论艺术和科学》（1749 年）；第二篇：《论人类不平等的起源及基础》（1755 年）；第三篇：《论剧场》（《寄达隆培尔的信》）（1758 年）。三篇论文中，第一篇论文，尽管引起读者极大的反响，并使卢梭声名大噪，但现在看起来却是十分浅陋的。你能从中读出，这篇文章是在几个小时之内完成的，文笔流畅，看似一气呵成，可是也显出了作者在写作过程中内心的波动甚至矛盾，尽管作者为他写作的洋洋洒洒而得意非凡，但读者还是能感觉到他内心的不安，这种写作和"沙龙座谈"中的哲学论述相差无几；卢梭似乎还没有意识到这是个严重的问题，更谈不上全力以赴地对待第一篇论文的写作。这只是一个日内瓦见识粗浅的少年，在表达对巴黎社会的不信任和嫌恶，认为这社会存在"普遍的欺诈"，其四周布满着"礼貌的奸诈烟幕"，他反对这些欺诈，并反对烟幕的散布。科学、文学和艺术也是他斥责的对象，因为它们曾放任自身沦为权力的奴隶，在权力脚下卑躬屈膝；它们不过是"人们所背负的铁链上所装饰的一些花冠罢了"。他对于这些事情的思考不够深入，因此批评也就缺少分量。虽然他的这第一篇论文，看似在练习辞令，给文人们带来消遣，变换阅读趣味，但也会对一些心智不成熟的人做出诱导，诱使他们得出非常危险的想法：例如斥责印刷机，并斥责它会引发"恐怖的、扰乱社会的"罪行——由此逻辑，引出一个极端的结论，即图书馆也有焚毁的必要了。

如果以后卢梭对人家说，在第一篇论文里，他对一些问题理解得不甚透彻，因此需要做一些补充说明，好让他的问题阐释得更恰当。那么，我们不妨这么说，1749 年的论文，它自身早已被误解了。

此外，他的第一篇论文，文艺性过重：如果人们要给这个问题一个中肯的评价，那就是立论不够坚定。根据这篇论文的内容，它应采用拉丁论文的写作风格，但它多用拟人的手法来表现，不过却也成就了他具有"修辞学家"的学院风格。它的成功充分显露了卢梭的文字功底，他也为论文能充分表现自己特殊的人格而沾沾自喜；受此表现的鼓舞，最终，他勇敢地表达了"真正的自己"。

在第一篇论文交付，第二篇论文还没完成时，他已成为一员勇将，敢于激烈地和他所处的社会时代相抗争。他的第二篇论文是应征第戎学院的有奖征文，主要讨论的问题是："人类不平等的起源是什么？其是自然法认可的吗？"他把它献给日内瓦共和国；与它一起呈献的还有他对共和国的颂词，将二者一起呈献，说明卢梭毫无保留地表达了自己所期望的生活，寄托了他对国家和政府的理想。

第1章　论人类不平等的起源及基础①

　　我认为，人类的不平等表现在以下两个方面：第一个不平等表现为自然的或物质的，它取决于自然，既包括年龄、健康、体力方面的不平等，也包括心智的发展或心灵的成长；第二个不平等表现为道德的或政治的，道德的不平等是由某种习俗造成的，是人们在彼此生活的过程中约定俗成的，或者至少是在此基础上形成的。政治的不平等表现在各种特权的存在，有些人拥有这些特权，而其他人则成为特权的牺牲品，比如那些财富较多、手握强权的人，他们地位很高，凌驾于他人之上，甚至可以强迫人们为他们服务。

　　因此，当前讨论这个问题是有意义的。在事物的发展过程中，我们应当去思考如正义怎么样才能取代暴力？为什么法律能凌驾于自然之上？强者何以能开始委屈自己去为弱者服务，到底发生了什么？人们为了取得自认为的安定而放弃真正的幸福，到

---

　　① 本篇论文最初为第戎学士院募集悬赏文的论题，即上述卢梭的第二篇论文。——译注。

底是由什么导致的？

毫无疑问，人类和动物的不同，在于人类有着一种非常具体的特质，即自求进步的能力。这种能力，在不同情形的激发下，也使我们逐渐拥有了其他的能力，这一切能力就成为人类的一部分，就像它们是个人的一部分一样。世界上所有的民族，他们从自然界中获取的东西越多，他们的生产力就越进步，二者是成正比的。或者也可以说，人类生产力的进步，是由环境决定的，环境鼓舞着人们的热情，诱使他们从环境中去寻找那些必需品。

如果仔细分析这个论题，我们就会发现，假设一个人面前有一个裂口，如果仅凭一己之力，没有任何辅助工具，没有任何必去不可的理由的话，他是不会打算越过这样大的裂口的。否则，这真是匪夷所思的事。

我想，我坚持认为只有人类有自然德行，这种立论绝不是毫无根据的，即使对人类德行最不信任的人，也决不会否认他所拥有的自然德行。同情，是我要强调的，因为它是人的本性，尤其普遍存在于和我们一样胆小，对各种罪行敢怒不敢言的人当中，当同情产生时，任何人都不会像之前一样冷漠，同时，同情的产生又是那样自然，以至于连最冷酷的人，到时候都会不由自主地流露出来。

人类虽有自然德行，但假如自然将这种同情的感觉没有给过人类，对人类的理性加以指引，那么，在道德方面，好人与恶人便没什么差别了。但恶人不会明白，一切人类社会的德行都是基于同情产生的，他如果不承认人类有这些德行，那么，人是何以将同情施予弱者，犯罪者，或全人类的呢？究竟什么是慷慨、宽厚，或人道的德行呢？如果我们能够认同宽厚或友谊，也是同情的结果，但这些德行还是有别于同情，因为它们经常将精力放在其他特殊目标上。希望他不要遭受疾病侵扰的痛苦，和希望他快乐，二者相比，究竟有什么不同？实际上，同情必须为较强者所拥有，这样才能在别人遭受其他灾难时，他才会感同身受。显而易见，在自然的境界中，这种感同身受，要比在理性的境界中更深刻。理性引起自尊，而思虑能确定自尊；理性使人类能超越他的心智，并使他脱离让人困扰或苦恼的每一种事物。

可见，同情确实是情感的自然流露，它可以使每个人都减少对自己过多的爱，增加对整个人类的爱。对那些正在受苦受难的人，同情会促使我们毫不犹豫地对他们伸出援手，在自然的境界中，同情替代着法律、道德和德行的地位，这种替代的好处是，没有一个人会受诱惑，所有的人都会服从它仁爱的呼声。

但人类的不平等，在自然的境界中，是不易被察觉到的。

第一个人在土地上为自己划出一块儿，他就想据为己有，而且认为大家简单的头脑，必会认可这种做法，就是这个人，缔造出了文明社会。没有人愿意冲锋陷阵，填平沟壑，使人类摆脱种种罪恶、战争和暗杀，使人类不必在诸多恐怖和不幸的事件中苦苦挣扎，同时向他的同胞大声疾呼："这是个骗子，他的话要留意，无论何时，我们都不应忘却，人人都有享用地上果实的权利，任何个人都不能侵占土地，否则，我们就要受到误导和伤害。"但是，事情极有可能会变得非常糟，也许就停滞在原来的境界中，无法再继续：人类的许多观念不是突然形成的，而是在社会生活中逐渐积聚起来的，因此财产观念是晚于这些观念的，是基于它们而产生的。因此，只有在人类取得了极大的进步，获取了重要的知识，积累了必要的工业时，才能达到这自然境界的最高点，而这些，必须是人类在逐年递增的发展中获得的。

当一个人开始出现需要他人的帮助的感觉时，当任何人觉得获取两个人的食物更便利时，平等就不存在了，财产就出现了，工作就成了必须，而广大的森林也变成了可爱的田园，在这田园里，人类必须辛苦劳作，挥洒汗水，用自己的耕作从中获取成果，于是极易产生奴隶，贫苦也随即到来，并随着收获物的逐渐增加而增加。

冶金术和农业，这两种技术产生了这个重大的变革。诗人告诉我们，金和银促使人类文明第一次出现，但人道随之开始毁灭，可是哲学家却认为是铁和谷物。

人们在土地上耕种，必然导致土地被分配，它是一度被承认的财产，于是最初定义财产的法则就诞生了。

当这种状态演变成事实时，如果每个人的能力都是一样的，又假设每个人日用品的消耗和铁的使用恰好也是一样的，那么，这种平等或许不会被打破；但是，这平衡注定是无法保持的，平等马上被打破；因为，体力最强壮的人，干的活必然是最多的；技艺最精巧的人，能用最合理的方法使用他的劳动力；天资最聪慧的人，能算计出各种方法以减少他个人的劳动，农人需要的铁，工匠需要的谷，都是通过劳动换来的，但是，即使两个人工作一样努力，一个人从他的工作中收益很大，而另一个人却勉强糊口。这样，自然的不平等，在各种因素的联合下，就不知不觉地显现出来了。

另一方面，最初人们是自由而独立的，但他们为了满足日益增加的新欲望，势必会伸手向自然寻找一切，在人我之间，这种寻找尤为突出。如今，在某种程度上，每个人都会成为奴隶或主人：如果是富人，就会有他人服侍的需要，如果是穷人，就需要富人的帮扶，即使是中产阶级，如果没有人我之间的依靠，工作也将难以进行。因此，大家都必须想办法，使其他人永远有利于自己的前途，并使他们能够明显地察觉到，要想找寻自己的利益就必须增加他人的利益。因此，对付某些人，他必须巧妙地掩饰他的行为；而对付另一些人，他的凶暴和残酷暴露无遗。当他无法通过威胁而使他们服从，并且不能说明他的好处同样也是他们的好处时，他就一味地虐待对他有用的人，以此达成他的某种目的。于是在争雄和竞争的过程中，必然会发生利益的冲突，不管是竞争还是冲突，二者都怀着一种不可告人的损人利己的目的。这一切的罪恶，都是财产带来的，也是伴随着与日俱增的不平等现象出现的，它是不可分离的附属物。

到最后，如果人们对这种动荡的形式和灾难，以及由此带给他们的损害忽略不计，这是不可能的。尤其是富人，因为他们负担了战争的全部费用，所以一定会认为不断的战争给他们带来的损失实在是太多了。但这些为自己辩护的理由都不够真实，不够充分，同时也没有足够的实力自卫，这就很难使每一个人都信服他；反倒是他自己很容易遭受匪徒的威胁，甚至全民也会与他为敌，再加上利益的冲突，他又不可能去联合其他富人，共同对付那些结伴打劫的无以计数的敌人，这时，富人会根据自己的需要，最终制订出全新的、充满奥秘的计划：站在满足自己利益的立场上，离间那些攻击他的人，运用计谋使他的敌对者和他站在同一条战线上，用变换多样的豪言壮语去激励他们，并建立各种有益于他们的制度，以消除自然法对他们的不利。

他打着算盘，向他的邻居发出警示，情形对他们非常不利，每个人都必须武装起来，攻击他们共同的敌人，并使他们相信，现在拥有的财产是个麻烦的东西，如同一无所有带给他们的麻烦一样。情势如此糟糕，无论贫富，安全都得不到保障。之后，他趁热打铁，勾画出几个美好的前景，并加以论证，促使他们统一于他的谋划。他说，"让我们联合起来保卫弱者，避免其受压迫；约束一些野心勃勃的人，并保障每个人个人财产的安全；让我们制定既保证和平、正义不受侵犯，又能让全体民众个个都维护的制度；这些规则，可以有一定程度的修正，使其可以适应随时变动的财产，但不管强者还是弱者，都应当毫无条件地履行彼此的义务。总之，我们的力量不应用来攻击我们自己，而应使这些力量联合起来，成为超强的权力，使我们都生活在聪明的法律统治之下。"

所有民众，为了取得他们希望的自由，冒失地向他们的枷锁奔去，他们的智慧只能看到这个政治制度的好处，但经验的缺乏，使他们还不能够预料到它的危险。最能预料到它的危险的人，正是那些制定此制度、想从中获利的富人。

这或许就是社会和法律的来源。在此过程中，穷人身上的奴役更重了，而富人拥有的权利更多了，自然赋予人的自由，被它们永久地销毁了，新的法律也确定了，不平等和财产私有性永远合法了。投机得来的权利，通过他们狡黠的转变，成了永久的权利，并沦为少数怀有野心之人牟利的工具，使全人类陷入永无天日的劳作、奴役和贫苦之中。一旦建立了一个社团，那么，其他社团的建立便都有据可依了，它们以社团为阵，形成了各自的势力，为了增加与这些势力抗衡的勇气，其他人也势必同样地联合起来，这是不难理解的。随即，各种社团都争先恐后地建立起来，最后，以至于如果想消除被杀害的威胁，免受法律的束缚，寻找一片栖身的净土，在这个偌大的世间都是很难做到的。因此，每一个团体内部，成员间的公民权利都受团体规则的制约，只有在不同团体之间，自然法才起作用。在这里，在民族权利的名义之下，在某些默认的习俗里，自然法受到一定限制，使得交易得以进行，并以此取代人类与生俱来的同情心；当这种"同情"在社会中横行无阻时，自然赋予人的同情心已不起任何作用了，除非是某些伟大人物，他们心系同胞，有一颗造福人类的善心。这些伟人，足以填平离间各民族的、想象中的鸿沟，我们君权的创造者的所作所为，是他们行事的榜样，并使整个人类沐浴在他们的仁泽之下。

由于同情在人间的不复存在，各民族间的战争、搏斗、暗杀和报复行为轻易就发生了，它们震慑自然并破坏理性，出现可怕的偏见也不足为奇，人类相互残杀，在他们看来，是光荣的，是德行的一种。因此，所谓最知名、最杰出的人士，理所当然地认为，"不是你死，就是我活"是他们必须履行的义务；最终，无以计数的同胞死在自己手下，但他们却从来不问自己，这种行为的目的是什么。综上所述，这是人类建立很多不同的团体以后，随即发生的、我们看到的严重后果。

人民设立首长的目的，是希望他可以保卫人民的自由，而绝不希望受到他的奴役，所有的政治权利都基于人民的这一目的，且本应无须争辩。普利尼（Pliny）对图拉真（Trajan）大帝说："如果我们有一个首长，就可以把我们从奴役中解放出来。"

我认为政治团体建立的意义，是为了达成一种真正的契约，即人民和他们推举出的领袖之间的契约，凭借此种契约，可以迫使双方都遵守该契约里法律的规定，并以契约为纽带，将双方紧密结合在一起。于是，在他们的社会关系方面，人民就将自己的一切意志写入契约，其中，体现这意志的一些法律条款，就演变为一些基本的法律，国家的一切成员都有恪守它的责任。在这些法律中，就有如何选举长官和长官应有的权力的规定，而这些选举出的长官，其职责就是监管其他法律的执行情况。这种权力可以放大到凡是和维护这个宪法有关的任何事，都可以由其去监管，而无须禁止的地步。

如果我们从这多种所谓的革命中，去寻找不平等进程的印记，我们将会发现，法律和私有财产权的确立为不平等的第一阶段，长官职位的制定为第二阶段，由立法转变到专权为第三阶段，也就是最后一个阶段。因此，贫和富的社会阶级是第一阶段造成的；强者由弱者管理的社会阶级，是第二阶段造成的；只有第三阶段，即形成主人和奴隶的社会阶级，是不平等的最后一个阶段，在本阶段，由于前两个阶段中所有恶习的不断叠加，想有所改变是十分困难的。

政治权利的不平等必然导致公民权利的不平等。这些不平等有很多种，其中最主要的四个不平等是财富、地位、权力，以及个人的功绩，人们将这些要素用于社会中人与人之间的相互评价。我可以说，它们之间的和谐或冲突，就是国家机构运转是否良好的最准确反映。我也可以说，在这四种不平等中，个人功绩的不平等造就了其他几种不平等，而财富的不平等，最终确立了其他的不平等；由于财富是个人成功最直接的体现，又有助于个人的成功，同时它们又是最易于被人民接受的，因此人民常常用它们购买其他的不平等。基于这种分析，我们可以准确地断言，人类已经远离它原始的组织了，并且正向它的极端反面偏离。

如果把现有组织和原始组织各方面的所有不同进行比较，我们就会发现，不平等是所有不同中最显眼的。我们就会看到，压迫在毫无根据地、不断地进行着，而被压迫者也无从判断，压迫要到什么时候才会停止。对于立法的工具为何反而阻止了立法的进步，这一点也难以理解。

我们会看到，立法逐渐禁锢了公民的权利和民族的自由，弱者的申诉、喊冤、抗辩和呼吁，都被看作是怨言，是谋反的表现。我们会看到，由于政策的限制，允许普通案件的答辩，只是一部分富有的人民才享有的权利。我们会看到，以多种手段征收苛捐杂税成为合法的行为；我们会看到，甚至在国家太平时，普通的农民任由田园杂草丛生，而不得不放下锄耙，拿起利剑；我们会看到，这个国家的战士，迟早要变成人民的敌人，都将手握利剑，并随时指向其同胞的胸膛。

从这些混乱的局面和不断爆发的革命中，君主专制已将它可怕的头颅逐渐抬起，并将保存在全国各地的几乎所有美好的东西销毁了，最后就要践踏法律，蹂躏民众，在共和的废墟上建立君主专制。在建立之前，紧接着就是国内灾难频生的水生火热时期，到最后，这个怪物将所有事物都吞噬殆尽，此时的人民既无领袖，又无法律，有的，只是暴君而已。

这是不平等的最后一个阶段，既是权力的极点也是社会组织循环的起点，同时也回到了我们革命的最初点。在这里，每个人又回到他们原先的平等，一无所有的平等；他们已不必遵纪守法，只需听从他们主人的意志即可，而他们的主人，不受任何法律的约束，行事全凭个人的喜好，人类一切善的观念和一切平等的原则，将再度消失殆尽。社会组织方面，谁最强，最有实力，谁便能代表法律的时代卷土重来，同时它也完全达到一种新的自然境界。政府的契约已完全由君主专制替代，以致只有在暴君最强有力的时候，才能保住他作为国家唯一主人的地位；一旦被挤下王位，他就不能说暴动是不当的。民众的叛乱若能让一个"苏丹"死亡或废止，其举动就是合法的，正好如他之前视民众如草芥，视财产属于自己的是合法的一样。因为维持他的地位的只有武力，所以颠覆他的也只能是武力。因此，每种事物的产生，都得遵循自然程序。

　　顺着这番研究追寻，可以有所发现。首先，在自然环境中，极少见到不平等现象，通行在当前的一切不平等，都有其产生的原因，随着人类心智的提高和才干的增加，这些不平等现象也跟着发展起来，最终由于人们建立了私有财产和法律，而使它们成为社会环境中固有的现象和合法的存在。其次，我们在这番研究中又发现，凡是道德的不平等是由权利的不平等产生时，只要当它和物质的不平等相差太悬殊，它必然会破坏自然权利。根据这一种不平等，我们足以得出以下论断：我们应该知道，通行在文明国家中的不平等有几种；由于这些不平等，就产生了幼童可以命令长者，愚者可以命令智者，特权在手的少数人财宝堆积如山，却永不满足的现象。反之，在饥饿线上挣扎的群众，竟连只求温饱的愿望都实现不了——很显然，这不符合自然法（怎么定义它都无所谓）。

第 2 章　寄达隆培尔①

序　言

　　"人"的基本责任是维护正义和真理：人性就体现在对国家和人民的博爱上，当一个人为了满足一己之欲，而弃国家和人民于不顾时，他就成了这个国家的罪人。

　　心灵获得平静的最好的处方是幽居，不仅如此，外界的喧嚣和纷扰容易让人蠢蠢欲动，幽居还可以减轻这种冲动。对恶习的蛊惑敬而远之，当我们提到这些恶习时，就不会对其心存太多愤恨；少接触那些会影响我们的罪恶，我们的心灵就会得到解脱。由于我和恶人不怎么打交道，所以我几乎就不受他们的影响，也

　　① 卢梭以日内瓦公民的身份写信给达隆培尔先生，论述在日内瓦城内建立一个剧场的计划。达隆培尔是法兰西学院、巴黎皇家科学院、普鲁士皇家科学院、伦敦皇家学会、瑞典皇家美术文学院、波隆那学院（Instituteof Bologna）等六个学术文化机构的会员。——译注。

不会在意他们。此外，不管他们带给我怎样的伤害，但出于使他们不受任何影响的目的，我可以保持缄默，放弃评判他们的权利，而且之后我都会宽容地对待他们，因为我不想在心灵方面和他们有什么相似之处。用不着费尽心思地去想应该怎么做，我会以尊敬的态度去对待他们，而非用正义的眼光去审视，而忘记这一切才是更好的办法。

我想我已找到了一个原则，这个原则如果充分地运用起来，人间就没有迫害和迷信了，并能使改革者少受一些谗言和暴力的侵害，这样的话，大众的士气也似乎能足以鼓舞起来。人类的理性，并不能根据一定的尺度去参照，且不管是谁，如果想制定他人的行为准则，都是行不通的。

让我们假定那些能言善辩的人靠得住，否则，他们所说的一切，只不过是空发议论罢了。从某种意义上来说，他们论证的原则和论证的思路应当是一致的，此外，每个人的言辞都会受制于他的理性，这样才会使人们不会怀疑他提出的意见，但在另一方面，无法给理性圈定一个范围，因为任何人都无权去干涉或操控他人的逻辑，所以自以为是的武断可以停歇了。当前的世界正被利益、骄纵和野心充斥着，只有世界和平了，才能停止教士和哲学家们的辩论。

但是你能想出什么方法去限制人民呢？除非制定有效的法律，并严格执行。但你可能会说，要使法律有效，就意味着对法律的破坏绝不能再容忍，假如连我们都不遵守它，那么对此严酷的法律，其他人将如何看待呢？严格地执行法律吗？问题是究竟能不能做得到。因为法律的力量毕竟是有限的，尽管人们身上恶习的力量也是有限的，但我们也不能贸然去执行法律，除非我们已审慎地比较过二者的力量，并且已判断出前者强于后者。对于它们力量的了解，是立法者应拥有的固有知识，因为假如他的职务仅仅是发布告示和规章制度，仅仅是迅速补救当前已发生的错误，毫无疑问，他只要能对那些事情给个说法即可；可是这些说辞大部分并不会发生效力，与其说它们给执行法律提供了一种方法，还不如说为使法律更完善提供了某些借鉴。其实，制定法律，也不是什么大事和难事，只要每个有是非观念的老实人，在正确观察的基础上，也许偶尔也可以提出一些对社会有用的想法。就像柏拉图《理想国》里所涉及的纯正法典，即使是最低微的法律学者，也都草拟出来。可是争论点并非仅此而已。草拟法律，应使法典能够与它所管理的那些民众相适应，同时，在法典中规定的各种事件，在运用法典去解决时同样能互相适应，至于执行法律，必然要找到这些关系中普适的、可以遵循的点。这样的法律，才符合梭伦（Solon）的思想，诚然，它们本身也许并不算是最好的，却是为人民最能接受的，且能在各种形势下较好地适用。否则，法律所规定的或禁止的，都没有人去遵守，还不如不制定法律，这样也比不遵守法律要好得多，再者，法律如果不能惩戒罪恶，就没有人去敬畏它了。

另一方面，我们要警惕的，也是相当重要的一点，就是法律和告示不能作用于道德和一般正义的事件，它只能对特殊的正义和严格的权利有所规定。如果，人民的各种态度有时会受到法律的影响，那这正是法律对整个社会产生作用的时候。在这种情况下，法律的力量才是它本应有的力量，这是真正的政治家耳熟能详的。

那么，人民的态度怎样才能受到政府的影响呢？我的答案是充分发挥舆论的作用。因为我们习惯于从众，只有在归隐时，我们的意见才是我们自己的意见，而在社会上时，我们的意见其实是他人的意见。当我们是社会中的一分子时，他人的想法能左右我们的行动。个人似乎无所谓善恶或喜好，能对此加以评断的只有公众，多数人所感受到的唯一快乐，就是被大众所认可的快乐。

至于如何使舆论收为己用的正当方法，却是另外一个问题，且不是本文来解答的问题。这些方法的使用，既不关乎法律，也不是使用暴力，更不是其他任何强迫的方法。

因此，一切都归于无为；理性、德行和法律，都是无法战胜舆论的，除非用别的方法先占领它。我再强调一遍，强迫是毫无意义的。

舆论，是世界的女王，国王的权力是绝对无法支配她的；反倒是他们自己，最先臣服于舆论，成为她的最初的奴隶。

如果一个政府，想左右人民的态度，实行原始制度是它不二的选择：当政府一旦影响人民的态度后，它将无法用权力再来改变它们，除非主动发动一次革命，不仅如此，在此过程中，哪怕困难重重为了保持人民的态度，它还得不断应付无法避免的偶发事件。这些偶发事件必将不断冲击人民的态度，致使它们逐渐自然地发生改变，虽然很难掌控舆论，但它们并非一成不变，牢不可破。机会或多种偶然的原因，以及无法预料的形势，将会占领舆论的制高点，这种结果是强迫和法律不可能达到的，或者说得更确切些，就是因为机会对舆论的指导，导向其想要的方向，致使武力毫无用处：正如掷骰子一样，无论使多大力气去掷，都不会对生命中那幸运的一点产生作用。

人类运用智慧所解决的大多数事，是阻止了各种变化的发生，以及格外留意可能产生变化的事情；但是，一旦人民容忍或公认这些变化时，长官们若想要控制住这些变化，就基本无能为力了，的确，统治者永远无法保证，他们可以掌控权力带给他们的后果。

在君主专政的国家里，一个人不管拥有多少财富，他的地位都绝不可能高于国王，但在共和国里，财富使他很容易践踏法律。于是，政府就名存实亡了，已没有重要性可言，而富人却成为权力真正的主人。

你一定会问，在共和国中就没有赛会和运动会吗？不是的，不但有，而且很多。这些赛会和运动会就是共和国首先创建的，而且还用它们来庆祝佳节，并且是非常正式的表演。谁是集会中的常客？参与这欢快的、娱乐的、大众的团体中的民众会是谁呢？我认为，只有那些彼此热爱，互相团结，并且能够在不断变化的环境中继续团结的人民，才有充分的理由和资格参与。我们拥有的公共佳节很多，而假如我们拥有更多的节日，我也会乐见其成。可是，我们的娱乐不该是独享的，它们只包括了一小部分民众，大部分民众却好像被禁锢在黑暗的洞穴里，在那里，他们压抑着自己，小心地、一动也不敢动地坐着；在那里，两眼所看到的，尽是些让人高兴不起来的对象，例如堵在他们面前的墙、铁钉、兵士，以及被奴役和不平等现象所带来的隔阂。不，快乐的民众，这些不是你们的节日！你们应当在天幕下的露天广场上集会，在那里，你们一边默想你们的幸福，一边举行你们的宴会，使你们感到快乐的，不是因为图利，也不是因为色欲，更不会让它们掺杂在拘束和利益中，而是让它们像你们自己一样的自由和愉悦：在太阳光线投射下，在天真的景象下集会，这样，你们将融为一体，你们放眼望去，感到的将是无时无刻的优美和愉快。

你是否想知道这些佳节集会的性质，和表演的节目是什么呢？假如你真想知道，也不过是一些琐事。一个地方只要充满自由和富裕，这个地方就有真正的快乐。你可以在广场中放置一根五月节的花柱，花朵儿缀满柱子，民众在柱子下围聚，这就可以称作佳节集会了。你也可以别出心裁：采取竞赛的形式，让胜出的观众也上台表演，让他们自己在集会中都能参与表演，在他人身上，让每个人看见自己的影子并热爱自己。这样的集会，会使全体民众更加亲密，更加团结。古希腊的各种竞技都没必要在此提及了，现在的竞技也应有尽有，它们更适合当下并足够我们使用。每年，我们举行阅操和普通的锦标赛，例如打靶锦标赛，或炮队和航行中的各项锦标赛，这些竞赛中，优胜者将获取荣誉。正如一些有用和可喜的制度不能太多一样，获取这些荣誉的名额也不能太多。我们用不多的荣誉就可以换来像学习军事操一样的强壮和有力，何乐而不为呢？难道共和国只需要兵士，不需要技艺人才吗？我们为何不动用军事赏金的预算，去悬赏其他对体育有益的竞赛者，例如角力、赛跑、掷铁饼，以及各种体力运动呢？我们举行湖上有奖的划船竞赛，以此来鼓舞我们的竞赛者，有何不可呢？我们看着配备精良，装饰精致的数百船只，在浩大而庄严的水湾里蓄势待发，号声一起，百舸争流，为获取一个高举在标杆上的锦旗而拼搏，并注视着胜利者当之无愧地前去领奖。恐怕，宇宙中没有比这个更壮丽、更奇观的场面吧？

我列举拉西提蒙人（Lacedemonians）的宴会，是希望我们的同胞也能够举办出这样的宴会来。我之所以推荐这些宴会，不仅是因为它们举办的目的，同样是因为它们的简朴，没有盛大的仪仗，不搞奢华的场景，或游行的队列；他们之所以如此精诚团结，是因为爱国主义有一种秘密的凝聚力，他们生活的地方被一种精神围绕着，那就是使他们成为自由人的军事精神：不将心思用在利益的钻营上，也不以享乐（至少是我们所谓的享乐）为目的，他们在愉快中度过一整天，而不会觉得太长，如果一生也将这样度过，他们也不会觉得它太短。每晚他们都带着欢欣而幽默的心情回家，吃着他们简单的晚餐，他们觉得自己的国家，自己的同胞，和自己的生活，都是那样美好。假如你想通过一个实例来了解一下这些公众的娱乐，我可以给你举出普鲁塔克曾经所举出的一个例子。他说，依照不同的年龄，将跳舞的人分成三组，每组就成为一个歌唱队，在跳舞时唱歌。为首的是老年人的一组，唱着如下的句子：

　　年轻人血液中的蓬勃朝气，
　　曾以同样的力量冲击过我们的脉管。

接着，青年人的一组上场了，按他们的次序来歌唱，并随着节奏拍打着手臂：

　　我们坚毅而果敢，不怕和任何人决斗，
　　谁要敢上台来，挑战我们，
　　谁就是死神的侍从。

最后一组上场的是儿童，他们朗声歌唱，回应青年人：

　　我们的心中播下了一粒种子，
　　它将长成道德的高树，
　　你们所炫耀的一切功绩，
　　我们从不模仿，只想超越。

先生，这些就是共和国民众应有的适当的娱乐。

第3章　孤独散步者的梦想

世上的任何事情，都一直在退化着。任何东西，都不能永远完好无损地保持下去。因此，它因与外界事物接触而产生的情感，必会随着它们的改变而改变。我们常在一些事情发生之前或之后，要么去追忆那无法重来的过去，要么去幻想那也许永远不会发生的未来。总之，没有一件实实在在的事物可供内心去坚守。在此，我们除了以往的快乐外，很难再拥有其他任何东西，快乐真的会持续吗？对此说法，我表示非常怀疑。我认为，最富有生气的、最享受的瞬间是很难遇到的，因此，我们无法发自肺腑地说："我希望这瞬间的存在成为永恒。"我们把一种只会给内心带来不安和空虚的飘忽不定的感觉称为快乐，这种感觉不会将过去一些事情带来的悔恨排遣出去，只寄希望于未来，这怎么能称之为快乐呢？

假如真有这种感觉的存在，这感觉可以让心灵拥有一个恰当的位子，这个位子足够使它得到彻底的放松，并在那里审视自己，既不缅怀过去，也不去设想未来；对它来说，时间毫无意义；在那里，只有"此时"和"此刻"永存。变得如此一来，就显示不出心灵的连续经历和感觉，连一丁点连续的迹象都找不到。在那里，只有我们的"现在"是存在的唯一意义，其他诸如疲倦或享受、快乐或悲伤、希望或担忧等都没有任何意义。心灵只能感觉到我们自己存在的意义，而意识不到其他意义，只要这种感觉一日存在，那么，但凡在这感觉中找到自己位置的人，都可以称自己是快乐的。这快乐并不是破裂和相对的快乐，它是一种丰富的、完全的、充足的快乐，和我们在愉快的生活中感受到的快乐一样。这快乐，将心灵塞得满满的，非常充实，根本不需要它再去填充。我在圣彼得岛上，常常追寻的、使自己陶醉其中的就是这种感觉，当我在孤独中幻想的时候，我不是仰卧在我的游艇中，就是坐在涛声起伏的湖岸上，再不然，就是坐在一个美丽的河畔，或者坐在一条小溪的岸边，水在沙石中穿流而过，潺潺作响。

还有什么东西里也包含着这样的享受呢？这在外界的事件中是绝对找不到的，我认为只在自身，除了我们自己的存在，再没有别的可享受的东西了。只要我们从自身找到的这种享受存在一天，我们就对自己感到心满意足。但是，我们的贪欲，不可避免地会扰乱我们在世上的安适，给我们带来困惑和苦恼，如果不计贪欲等其他情感，存在的自身感觉，对于凡是能够超脱一切世俗和肉体欲望的人来说，就是一种知足与平和的美好感觉，只要能有这种感觉，就使他的存在变得足够可爱和美妙了。可是人类存在的大部分时光，都纠缠在撕扯不断的情欲中，使他们不甚了解这一感觉。或许，他们也尝试过追求这一感觉，但是没有坚持下来，因此，他们对这一感觉，是含糊不清和混乱的，使他们无法体会这一感觉的美妙和珍贵。

内心平静是必不可少的，而且一定不能让情欲来扰乱它的平静。凡是想感觉平静的人，都得有意使用让自己平静的方法；同样，这些方法和周围的其他事物必须能融为一体。平静并不是指绝对的安静，也不是过大的动静，是指一种均匀和适度的运动，不需要瞬间的爆发，也不是没有间歇。没有活动，生活不就成了一种毫无生气、让人昏昏欲睡的东西了吗？

但如果运动不平衡，或者太剧烈，就使人难免对生活感到恐惧；如果有人将四周的事物，一览无遗地指给我们看，就只会破坏我们的注意力，并使我们从自己享受到的甜蜜中割裂出来，立刻又回到财产纠纷和人类社会的束缚中去，使我们重新感觉到我们的诸多不幸而变得沉默。一种绝对的沉默将引发愁绪：它意味着死亡的到来。因此，我们必须用一种快乐的想象去拯救它，想象那些已从天国里接到福祉的人们，而把自己自然而然地奉献给他们。这种想象并非由外在的各种运动导致的，只有我们的内心才能感觉得到。

当我从长久与和平的幻想里觉醒时，当我领悟到自己置身于各种花香、鸟鸣，被青翠喜人的草木所环绕时，当我游移不定的目光在望不到边的奇异海边（在那里，洁净而呈结晶体的水大量喷溅过来）徘徊时，每一件可爱的事物，都被我融化在想象里。到最后，我虽然拥有自己的一种感觉，以及那些在我周围环绕的一切，但是，使想象和存在互相分离的要点是什么，我还是推测不出；总之，正是因为有这许多东西的结合，使那在可爱的寓所中，我曾度过的隐居和孤独的生活，显得更加可贵。

第4章 社会契约论

——引 论

1753 年，在《论人类不平等的起源及基础》中，卢梭就已表示，要建立一种制度，这种制度是一种由"人民和他们所选举出的长官订立真正的契约"，但他又表示，他的这项工作得延期，要等到"再经过几番搜集研究，基本了解所有政府的根本契约的性质"之后，此制度才能开始。

1756 年 4 月，他开始进行他自己所说的种种搜集研究工作了。此时，他已经隐居在蒙莫朗西——一个他饱尝艰辛的地方。在他看来，对这些政府根本契约性质的搜集研究工作，就是他要做的工作中最重要的部分。这曾在他的《忏悔录》（第四编）中说到过："在我已计划的各种工作中，我认为有一种工作，我计划的时间最长，它最符合我的兴趣，我愿终生为它工作，而且在我看来，它要保证我的名誉，使它不被损坏，这工作就是我对政治制度的探寻。"我打算写这一作品的最早想法，可以追溯到十三四年前，那时我还在威尼斯。从那之后，我的思考，就逐渐延伸到道德、历史的研讨（主要体现在《论人类不平等的起源及基础》）之外。我"……也慢慢领悟到，每种事情最后得以完成，都应当离不开政治学，我又领悟到，不管人们做的是什么事情，至今都没有一个民族能促成任意一件事物，除非它的政府的性质，可以使它促成那种事物；所以，据我想，我们要思考关于政府的最好的、最大的问题，应是这样的：一个政府应具有什么样的性质，才能将一个民族训练成最有良善德行、最开明、最聪慧和最优秀的民族呢？……我想我已明白，和这个问题具有最密切的关系的另一个问题是：一个政府具有什么样的性质，才能将其自身和法律最紧密地联系起来，从这个问题又引发另一问题：'法律是什么？'由此生发，会引出同样重要的一连串其他的问题。我已看到，许多伟大的真理都出自这些问题，而这些真理对人类的幸福都是意义重大的，对我的祖国的幸福而言，其尤为有用。在这些问题里，我找到了一些观念，这是在我近期旅游的地方（1754年）所不曾找到的，那就是法律和自由的观念，这些观念，依我现在来看，似乎是十分确切而明白的……"

在几年中，他都从容地从事这本书的写作，并极力避免和任何人谈论此工作，就连那时他最亲密的伙伴狄德罗，他都是守口如瓶的。他生怕过多的参与和建议，会把讽刺的精神投射到本书中，他一心想的是："用最理智的状态写作，不想任何负面情绪或偏见影响自己。"他的《寄达隆培尔》（1758年）完成以后，就即刻着手他的"政治制度"的写作，他知道需要耗费多年才能完成这部著作，因此他不得不放弃原来的计划，只选取《社会契约论》这一部分来写，他将全部心思放在此著作的同时，也正致力于《爱弥儿》的写作。《社会契约论》早于《爱弥儿》一个月或两个月在阿姆斯特丹印刷、发行，所以那应当是 1762 年的春季，是发生在卢梭逃往瑞士前的事。在瑞士，1762 年 6 月 18 日，他的作品在日内瓦一出现，就被烧毁了。

社会契约论
——政治权利的原理——

第一编

"人是生而自由的，却处处遭受约束。"

因为任何人都不能像自然一样，对他的同类行使权力，即使暴力也衍生不出权利，所以我们必然得出这样一个结论：各种契约是人类一切立法权的基础。

我们不能指望任何人将自由自愿地让出来，如格劳秀斯（Grotius）所声明的那样。放弃自由，等同于放弃做人，即等同于放弃做人的权利或做人的义务。这种放弃是违背人的天性的。"奴隶"和"权利"是互相矛盾、互相排斥的两个词。

所以，我们必须去追寻一种最初的契约。

"社会契约"是人类为了抵御自然的力量，不得不联合起来产生的。

"问题是，这种联合，不仅要使每个人的生命和财产，都得到全社会力量的保护，同时在这种联合里，虽然每个个体和全体结合在一起了，但依旧可以只听他自己的，和从前一样的自由。"这是"社会契约论"所急需解决的根本问题。

如果社会契约中其他不重要的部分，我们暂置不论，就可将契约本身总结如下：

"公共意志是最高的指导，在它之下，我们个人，以及自己的一切权利都要服从整个社会，同时，在我们的联合中，我们承认，人人都是这个整体中不可或缺的一部分。"

这种订约的行为，可以迅速增强集体的凝聚力，使每个订约的个体都找到归属感。所有到会的，有表决权的个体组成了这样一个精神的集体。除此之外，订约的行为还使这个集体具有了统一性、共同性，获得了公共的生命和意志。这个公共法人，由于是其他所有的人，经这种联合而产生的，因此就以"主权"为其命名。

这些民众一经联合，共同建立一个团体之后，如果其中一人的利益被损害了，那么必然会侵犯到团体的利益；反之，如果团体的利益被损害了，那么每个成员都会为此感到愤愤不平。

所以，要使商定的社会契约不致沦为空泛的形式，它必须隐含着这样的保证：任何人如不遵守公共意志，全体民众都有权强迫其遵守，而只有这个保证做到了，才能给其他人以维护契约的力量。这保证就是要使他因不遵守公共意志而被剥夺自由，其意义在于，由于把所有民众都交给国家，才能保证它不是个人意志的体现。

此契约，让人们失去的不过是他的自然自由，及一种为所欲为的（他想得到什么便能得到什么的）无限权力；而他所获得的却是一般公民的自由，并对他所拥有的任何东西都有一种所有权。

此外，人类在这种社会结合里所获得的好处，我们还可举出道德的自由，只有此种结合才使人成为他自己真正的主人；因为只有奴隶才会服从情欲的冲动，而有我们自己所规定的法则可服从，那才是真正的自由。

我在此用一个事实，就是所有社会制度都应明白的事实来结束本编，即：基本契约所建立的道德上和法律上的平等，可以取代自然的不平等，这种自然的不平等是指人们在体质上出现不平等；或者说，人们虽在体力上和智力上是不平等的，但通过契约和主权却能使人人都平等。①

第二编

我们上面提到的原则得以成立的最重要的基础是：我们成立国家的目的是谋求公共的幸福，只有公共意志才能引导国家实现公共的幸福。

我认为，"主权"就是公共意志的体现，所以，无论在何种情况下，都不能转让。由于公共的意志都在"主权"身上体现出来，因此，只有它自己能代表公共意志，其他任何人都不可以替它代表。

一旦国家出现了一个主人，它的主权就不复存在了，它的政治社会也不复存在了。

可见，主权是不可分割的，正如同它不可转让一样，因为不管意志是不是公共的，它不是全体人民的，就是人民的一部分。在前一种情形里，所宣布的意志是公共意志，实施的是主权的行为，因而构成了法律；在后一种情形里，它体现的只是个别的意志，或者是长官的行为，最多只能算个命令。

由上述可见，尽管公共意志的性质决定其总是公平的，也总代表着公共利益，但却并不意味着人民的决议不会出错。我们意志的出发点，虽然都是为我们自己寻求好处，但我们却不一定有先见之明；人民是不会自己腐败的，但他们却时常上当受骗，在

---

① 在不好的政府之下，这种平等只是表面的，虚幻的，它只是在维持贫者的贫穷状态，和富者所掠夺的富有状态。实际上，法律总是有利于富者，而不利于贫者的。从这一点，我们可以推论，社会要在大家差距不大时才能很好地结合，不存在过于富有的人的时候，才是有利的。——原注。

意志看来，这些受骗的情形都是一些政客在肆意捣乱。

全体意志和公共意志的差别很大。后者考虑的是公共的利益，而前者惦记的是私人的好处，不过是个别意志的叠加罢了。

社会契约赋予政治团体（国家）至高无上的权力，可以管理它的每一个公民，正如自然也将至高的权利赋予每一个人，可以指挥他的肢体一样。只不过国家的这种权力，是基于公共意志，即前面所说的主权而行使的。

我承认，按照契约精神，每个人必须让出的部分权力、财产和自由，是那些必须由社会来控制的部分。至于哪一部分是必须让出的，只有主权才有权判断。

一个公民，当国家需要他做自己能办到的事时，他应立即去为主权服务。同样，对主权而言，也不能无视任何约束，将无利于社会的事，强加给它的人民，甚至它连这种打算也不能有，依照理性的法则，如同依照自然的法则一样，任何一件事，总不能毫无缘由地发生。

由此，我们可以知道，尽管主权的权力是绝对的，神圣不可侵犯的，但也不能逾越公约，只能在公约的范围内行事，并且不能干涉公约赋予每个人的权利和自由。所以在主权这里，不会让一个人的负担大于另外一个人。因为，如果那样，就将问题变特殊了，也就不是主权可以行使的权利了。

制定社会契约是为了保护订约的当事者。凡是想达到某一目的，就必须通过一定的手段，而这些手段势必会带来一些风险，甚至一些损失。凡是为了保全自己生命而牺牲他人生命的人，在必要的时候，他也必须牺牲自己的生命来保全他人的生命。而且当法律要求个人面对危险时，个人不能自行定夺。当国家首领对他说："为了国家的利益，你应当献出你的生命。"他便应当为国捐躯。因为，他能够安全地活到现在，也是因他人为国捐躯的缘故。他的生命已不仅仅是自然给予的，更是国家按照一定的条件赐予他的。

同样的逻辑也可适用于犯罪要受死刑的道理：因为我们不愿意被人杀害，所以当我们杀害他人时，我们也应被处以死刑。

其次，凡是侵犯了社会权利的人，也将视为背叛国家的罪人；他既然触犯了国家的法律，国家便可以不认可他是其中的一分子；甚至可以认为他是国家的叛徒了。保护国家与保护他个人，二者不可兼得，必须舍掉其中的一个。处这种罪犯以死刑，与其说是杀个公民，不如说是为民除害。

我们可以再补充一句，如果一个国家频繁地执行死刑，则是政府软弱或懈怠的表现。所有为非作歹的人都是有变好的可能的。不管是谁，如果让他活下去而不会产生任何危险的话，国家都没有权力杀他，甚至也不能用杀他的方法警示其他人。①

一部法律良好与否，并不在于其自身，而在于它是不是为那些特殊的人民而慎重制定的。

许多民族曾盛极一时，却没有产生良好的法律。即使有些民族能产生良好的法律，但在其悠久的历史中，那也只不过是昙花一现罢了。

因为大多数的民族，也和大多数的人一样，只有在幼年时容易接受新事物，等他们长大甚至变老后，改变他们就不容易了。当习惯一旦养成，思维一旦定式，再想改变他们，只能无功而返了。愚昧、胆怯的病人，一看见医生就害怕，那时的人民也一

---

① 这以后，卢梭继续做法律方面的搜集和研究工作，他认为"而这些法律，正确地说，只是公民结合的各种条件而已"，而且人民必须是法律的制定者。——原注。

样，对他们一切的矫正，都无法再容忍了。

因此，变革的革命基本上不会产生任何效果，只有个别的能成功。取得这种成功的国家，通常有特殊的政治制度。即便如此，同一个民族也不可能两次发生这样的事，因为当一个民族还没有跨入文明之列时，还可以通过革命实现自己的自由，而当国家的内驱力一旦消失，元气大伤时，它便不能使自己自由了。内乱足以使一个国家遭受灭顶之灾，而革命却无法挽救它；此时，它需要有个主人来统治，而不需要所谓的解放者。"自由可以争取，但不会失而复得"，自由的人民，谨记这格言吧。

在自然构造一个比例协调的人体时，必定有其限度，一旦超出这个限度，不是成为巨人就是成为侏儒。同样的，一个国家理想的组织，也应有一定的限度，为了能有效地管理，它应避免规模过大；为了保证它的独立，也应避免规模过小。无论何种政治团体，都藏有一个无法再超越的、不可再增加的力量，如果国家一味扩张，这力量所占的比例便要相应地减少。社会团体越大，实力就会越弱。一般说来，一个小国家的实力，在比例上要超过一个大国家。

如果我们要问，法制带给我们的最好东西是什么，我们便发现它带来的好处在以下两个方面：自由和平等。因为每一个人和国家的隶属关系，就必须从国家那里得到许多权力以获取自由；而平等，则因为它是自由赖以存在的土壤，没有了它也就没有了自由。

我想，我已经说清社会中的自由了。我们也应该了解，平等不是绝对的，即每个人的权力和财富都绝不是一模一样的，平等只不过意味着，那些有权力的人，手中所握的权力不能大到足以发动暴乱，可以肆意妄为，他的权力应依据地位和法律来使用；

至于财富，则不许有人暴富，富足到可以购买他人；也不许有人赤贫，贫穷到不得不去卖身。①

第三编

公共的力量必须通过一定的途径去实现，因此需要有一个属于它自己的办事机构，将力量集中起来，它运转的根本便是公共意志，并在其指导下展开工作，因此它便成为国家与主权交流的一种工具。我们在这里所指的交流工具，就是一个国家的基础——政府，而我们将它与主权时常混淆。其实，政府不过是为主权做行政服务罢了。

那么，政府是什么呢？政府实质上是人民和主权的中介，二者通过其可以互相沟通，它担负的责任，主要是让法律得以实施，使自由得以维持，包括政治的自由和公民的自由。

有些人认为，人民对统治者的服从，不等于对契约的服从，这话是有道理的。那仅是在主权的统领下，只是主权对那些统治者和官吏们的一种委托，一种雇用，他们用的虽是自己的名义，但行使的权利却是主权所赋予他们的。而主权对他们的权力，是可以任意限制，更改或收回的。

第一，主权可以把责任委托给所有公民或大多数公民，这样，大多数人都是为政府尽力的长官，而非只有个别的人才能成为长官。这种政体就是"民主政治（Democracy）"。

第二，主权也可以把责任委托给少数人，使长官少，普通老百姓多。这种政体就是"贵族政治（Aristocracy）"。

---

① 如果目的是在给国家有一种团结而和谐的现象，应使贫富差距尽量缩小，便应当不许有富人和乞丐的存在。这两个阶级，是自然的而分不开的相互关系，都是不利于公共幸福的，一则产生专制政治的朋友，一则产生专制政治。公共的自由便在二者之间开始拍卖，一方面买进，另一方面则卖出。——原注。

最后，主权也可以把整个责任委托于一个长官，其他人的权利，只有通过他才能获得。这第三种政体是目前最普遍的，被称为"君主政治（Monarchy）"或"皇家政治"。

"民主政治"，如果我们按照它严格的意义来说，则从来没有出现过，且今后永远也不会出现。让大多数人去从事管理，而被管理的却是少数人，这与自然的秩序是不相符的。为了专心致力于公共事务，而使大多数人要不时地聚在一起，这是无法想象的场景。而且显而易见的，如果他们为了办理公共事务而设立了委员会，这个政体便不免要发生改变。

况且，这种民主政治的出现，还需要许多难以同时具备的条件：第一，必须是一个很小的国家，只有这样，将人民聚集起来才非常容易，而且彼此互相认识也很容易；第二，必须行为简单，以免因繁复的事务而产生复杂的问题；第三，地位和财富方面，人与人之间的差距不能太大，否则，维持权力的平等就是奢望。最后，奢侈是极小的或者没有，如果不是因为富裕而奢侈，就是使奢侈成为必要，它足以败光富人和穷人，富人因为奢侈的生活而败光，穷人因对奢侈生活的贪求而一无所有；它使国家陷于疲软和虚荣，并因人民沦为奴隶而失去他们，最终使所有的人民都深陷舆论之中，为其左右而不知。

我们不妨再追述一句：没有一种政体，像民主或人民政体那样，深受内乱或骚动的困扰。因为没有一种政体，像它那样极易强烈地向其他政体演变，也可以说没有别的政体，像它那样，为了维持现状，不得不倾注更多的心血和勇气。

在这样一个民主高于一切的政体之下，人民应该具有捍卫它的毅力和决心，在其一生中，天天都要说着这样一句话："我宁愿争取有危险的自由，也不愿成为很安全的奴隶。"这话出自一位德高望重的巴拉丁伯爵①之口，场合是波兰的议会。

只有一个都是神的民族，其政体才是民主的，因为人类还不适合这样一个完善的政体。

贵族政体，共有三种类型——自然的，选举的，和世袭的。第一种只适合于简单的民族，第三种是最不好的政体，第二种才是最好的，是真正意义上的"贵族政体"。

贵族政体，它的好处除了能够将政府和主权二者分辨开来以外，还在于它的官吏都是经过选举产生的；因为在民主政体下，人人都是可以成为官吏的，而在贵族政体，能够执政的仅限于少数人员，且这些少数人又都是通过选举而成为官吏的。因此他们对整个社会是了解的，有管理的经验，有忠直及其他被人所推崇、尊重的品德，这些都可以保证政府能更加完善。

总而言之，以最聪明的人来管理大众，这是最好的和最自然的方法，只要他们不是为一己私利去管理，而是为了满足大众的需要。我们不该毫无节制地增加管理成本，明明一百人可以做得非常好的事，为什么非要两千人去做呢？但是我们也需注意：在这种政体里，少数人一旦习惯于指挥公共力量，设法去实现自己团体的利益时，公共意志对它的约束就会变少；而且也还需注意，在这种政体里，总会有其他的不可避免的因素，减去一部分法定的行政权力。

再看君主政体。

在上面，我们把首长（Prince）当作一个公法人，为法律所认可，并赋予他权利，因此他才得以手握国家的行政权。我们现

---

① 巴拉丁伯爵：即波省伯爵（the Palatine Posen），是波兰王的父亲，洛林（Loraine）公国的国君。——译注。

在要讨论的是这种情形，当这行政权集中于一个自然人，一个真实人物的手里时——只有他一个人，可以依照法律，有权来处理国家行政。那么，这一个人便是君主或国王。

如果说，这种君主政体是优于其他政体的，那么同时也就说明，和其他政体相比，这种君主政体是更看重个人意志的，是更容易操纵他人意志的。在君主政体下，甚至一切行政力量，无疑地，都向着相同的目标前进，但这目标绝不是为公众谋求幸福的，因此，它其实不利于国家的发展。

君主没有不想成为专制的，因此，人们则常常只能远远地告诫他们，如果非要成为这样专制的君主，获得人民的爱戴，才是他们最好的方法。这个见解诚然不错，且在某些方面是很超前的。但不幸的是，宫廷常常嘲笑这见解。毫无疑问，在人民的拥护中获得的权力，是最大的权力，但这权力同时又是不易把握的，并非无条件的，因而所有的君主们，没有一个对此是全然满足的。越是能干的君主们，如果他们高兴的话，越是既想坐在统治者的宝座上，又不想受到任何约束，可以为所欲为。

要治理好一个大国是不那么容易的，碰巧这个大国又只有一个统治者的话，治理起来将会更难，人人都心知肚明，当君主们以自己来取代别人时，会产生什么样的后果。

君主政体，因一个重要的和不可避免的缺陷，使其不及共和政体：这就是在共和政体里，只有明达、能干、称职的人，公众才会推举他们，从而得到最高的职位，这也是其荣誉的体现。而在君主政体里，则只有那些小人、恶棍、阴谋家才能成功，因为在宫廷中，他们的诡计足以使他们获取高位，但一经上任，其不能胜任就立即表现出来了。

好些王室的王位是世袭的，为了防止国王死后出现争权夺位的现象，还制定出相应的继承规则。这就是说，他们不过是将选举的弊端用世袭的不足来代替罢了；宁愿得到表面的平静，而不谋求更好的行政；人们宁愿冒着让孩童、怪人、懦夫成为统治者的风险，而不愿面对选举出现的种种纷争。

对于一个居于统治地位的人来说，一切事物都是在剥夺他的正义感和良知。据说，宫廷总是花费许多心思来教幼主，传授他们施政的方法；但是这种教育，对他们似乎没有带来任何好处，倒不如一开始就教他们服从之术。

如果皇家的这种教育注定是失败的，只会造就腐败无能的人；那么，对于那些从小就接受施政方术的继位者，我们还抱有什么希望呢？所以，认为君主政体和一个为明君所统治的政府没什么两样，只不过是我们的一厢情愿罢了。如果去深入了解君主政体的真实情况，我们必定会看到，统治它的君主不是十分无能就是非常残暴，这是因为，要么他们本身就是无能或残暴的，要么就是专制政体使他们变得无能或残暴的。

自由的产生并不是轻而易举的，所以并不意味着，任何民族都能拥有它。对孟德斯鸠所定的这条原则越琢磨，便越觉得其在理，越加争论它，便越增加它了在理的新理由，证实它的确是正确的。

事实上，我们越深入研究，就越会发现自由国家和君主国家的不同，二者的区别在于：在自由国家里，一切事物的出发点都是公共的利益；而在贵族国家里，公共的力量和政权的力量是此起彼伏，互为影响的，增加其中任何一个力量，就得减少其他一个力量。结果，专制政体不是为了人民的幸福而去统治他们，而是使人民贫苦，从而对他们的统治更为有利。

所以，在各种不同的环境里，我们需找到各自的自然原因，循着这些自然原因，我们能够根据其环境的性质，决定应采取何种政体去适应它，并且，我们甚至能说出，应有何种的居民与其相匹配。

主权会不断地遭到政府行为的挑战，正如公共的意志会不断地遭到个别意志的挑战一样。政府对主权的这种挑战越多，其组织就改变得越多，首长的意志就会凸显出来，又因为没有其他团体的意志可以与之抗衡，使二者得以保持平衡，所以首长迟早会凌驾于主权之上，背弃社会的契约。这是所有政权不可避免的和天生的缺陷，自有国家以来，政权都深受其害，被这缺陷不断地破坏着，犹如人的身体必然要受衰老和死亡的破坏一样。

政府被破坏的两个基本方向是：政府收缩和国家解体。

政府的收缩，是指执政者由多数人变为少数人，就是从民主政体演化成贵族政体，从贵族政体演化成君主政体。这种演变是它的自然趋势。

当国家解体时，执政者就没有了约束，便会毫无顾忌，为所欲为。不管怎样妄为，这些情形都可称为"无政府（Auarchy）"。具体来说，民主政体堕落为暴民政体（Ochlocracy），贵族政体堕落为寡头政体（Obligarchy），我在此也可加说一句，君主政体堕落为暴君政体（Tyranny）。但这最后一句，两个名词是含混不清，需要解释的。

按照通俗的讲法，一个暴君是指一个君主施行了暴乱的统治，而置正义和法律于不顾；按照精确的解释，一个暴君是指一个个人，他原本没有资格去得到他拥有的权力，但他却通过种种手段得到了这权力。因此，"暴君"（tyrant）和"篡权者"（usurper）这两个名词，意义是完全相同的。

这就是即使是组织最完善的政府，也自然不可避免的趋势。如斯巴达和罗马都尚且摆脱不了灭亡的命运，还有什么国家能指望永久存在呢？

国家，如同人类的身体一样，它的建立，就已预示着它的死亡，而毁灭的原因就在自身的先天不足。但并非所有国家和所有人存活的时间都一样，原因在于二者的选择，它们都可以选择较健全的组织，也可以选择较不健全的组织，因此它们得以维持的时间长短不一。

稍显不同的是，人身体的组织是自然赋予的，国家的组织则是人为创设的，人们没有能力使自身的生命得到延长；但他们却通过给国家创设最完善的、最可靠的组织，可以尽力延长国家的生命。尽管组织最完善的国家，也有其死亡的一天，但除去某些无法逆转、不可意料的事变，使其不幸夭折外，与其他国家相比，它的死亡的到来终究会晚一些。

主权是一个国家存在的根本原则，立法权是国家的心脏，行政权是国家的头脑，它控制全身各部分的活动。头脑也许会反应迟钝，但这个人还是可以继续活下去；人也许会变为白痴，但也可以继续活下去；但心脏的工作一经停止，这个人便随之死亡了。

主权，除了立法权之外，便没有别的权利，所以一切都要依据法律而为；同时，由于法律总应当体现真实的公共意志，所以只有当人民聚集在一起商讨时，主权才能够有所作为。

当公民的主要事务一旦不是为公共服务，并且他们宁愿出钱而不愿花力气时，这个国家的末日也就不远了。正当国难当头，他们必须挺身为国家上战场时，他们自己安居在家里，却出钱去雇佣军队替他们奔赴战场；当必须出席会议时，他们却指派代表参加，而自己仍安居在家里。在懒惰和钱财的作用下，军人跋扈，代表卖国是必然的后果。

爱国心的日渐泯灭，私欲不断地膨胀，国土的扩大，政府的腐败和滥权——这种种因素，造就了一种做法，即人民选举代表去出席国民会议。在一些国家里，个人和政府算两个阶级，而这些代表就是所谓的第三阶级。因此，分别占据第一和第二的是个人和政府的利益，而公共的利益却只排在第三位。

主权是不能够被代表的，其理由正如主权是不可转让的一样，它存在的价值在于能体现公共意志，而意志就是不能被代表的。公共意志如果不是自己的，就是他人的，不会有介于二者之间的其他可能。因此，所谓人民的代表，不过是人民所委任的而已，他不是、也不可能是人民的代表，甚至也可能不需要他去做什么具体的事。凡是未经人民亲自批准的法律都是无效的，实际上，也不能称之为法律。当人民一旦选出议员，就意味着他们已没有自由，主权也就不复存在了。

立法权一经确立之后，紧接着，就是行政权的确立。有人坚持自己的看法，认为政府的设立，便是人民和统治者（假如人民自愿服从统治者的管理的话）间的一种契约。但是，在一个国家中，只有一个契约，就是人民之间的契约，而这契约本身，会排斥其他一切的契约。

可见，政府的设立不是一种契约，而是一种法律，因为行政权的使用者，并不是作为主人的人民，而是其所任用的官员，因此，人民有权任用或罢免他们。对人民来说，官员和他们之间并没有契约的问题，只有服从，官员担任的职务是人民通过国家委托给他们的，他们不过是尽公民应尽的义务罢了，并没有和人民讲论条件的丝毫权利。

因此，如果人民建立了一种世袭的政体，无论它是仅限于一家世袭的君主政体，还是仅限于某一阶级世袭的贵族政体，这都不是立约，这些政府的性质只是临时的，如果人民要另加规定时，它就必须做出相应的改变。

国家中的任何法律，都并非一成不变，不可废除的，哪怕是社会契约；因为如果废除契约，是与会的全体公民都一致通过的，那就不能说废除它们是不合法的。

第四编

就法律的性质来说，只有一种是全体人民必须都认同的，这就是社会契约，因为人的一切行为中，大家都自愿的行为便是社会的结合。就其性质而言，从呱呱坠地到进入坟墓，人都是自由的，只有自己才是自己的主人，所以，不管是何人，不管有何借口，如果本人不同意，谁都无权驱使他，使他服从。

一旦契约成立，不管谁反对它，都不会因他们的反对而使契约无效，这只能将他们自己关在社会之外，其他公民和他毫不相干。当国家成立后，如果居民表示认可，且在其领土之内居住，就意味着他是愿意服从主权的。

以上提到的契约是最基本的，除此之外，根据少数服从多数的原则，一旦多数人同意，他们所投之票就足以对其他人形成约束，这是由契约本身的性质决定的。在一个国家里，公共意志是所有人共同意志的体现，他们得益于公共意志而成为公民，也得到了相应的自由；在公民大会中，当一个议案被提出时，它并不是想问人民对该提案所持的态度，要求他们回答是或不是，而是问他们该提案是否符合公共意志，其反映的或许就是他们自己的意志。每个人在投票时，只要说出这一点是否符合即可，那么经由计算票数，将会得到公共意志。

（第四编的其他内容里，卢梭将搜集到的古罗马的各种制度，作为一个大共和国处理公共事务的实例放到里面。最后，他讨论了宗教和国家的关系。罗曼·罗兰注）

　　无论一般的社会还是特殊的社会，其与宗教的关系，一般都可分为两种，一种是人类的宗教，一种是公民的宗教。

　　人类的宗教没有寺庙，没有神台，没有各种仪式，他们只是用纯粹的心灵来崇拜最高神，认为道德是自己的永恒责任而已，这才是心灵的福音，是内心真正有神的宗教，可以将其称为自然的神权或法律。公民的宗教是各个国家自行规定的宗教，其规定了该国自己的守护神，即他们所崇拜的神。除此之外，它还有法定的教条，各种各样的宗教仪式等。这些宗教认为，除崇拜它的这个国家的人民外，其余所有国家的人，都是异教徒，异邦人，是野蛮的，只有同样信奉他们之神的人，才有可以为人的权利和义务。人类早期，所有民族的宗教都属于这一种，我们可将其称为公民的或规定的神权或法律。

　　还有第三种宗教，是更为特殊的，由于它的宗教规定，使一个国家出现了两种法律，两个首长，甚至两个国家，因此人们要对这两种互相矛盾的对象尽义务，使忠于宗教而又同时忠于国家的行为无法进行。喇嘛教、日本的宗教和罗马的天主教就是这种宗教，它们可以说是仅限于僧徒的宗教。

　　单就政治方面来说，这三种宗教都有缺陷。尤其是第三种，缺陷显而易见，以至于来证明它的不好，都是浪费时间。不管什么制度，只要是破坏社会团结的，都是毫无意义的制度；同样地，不管什么制度，只要是使人与他自己成为互相矛盾的个体的，也都是毫无意义的。

　　此外，还有一种宗教，尚称得上是人类的宗教，那就是基督教——不是今日的基督教——而是完全不同于它的福音基督教。它是最神圣和真正的宗教，凭着这神圣，一切的人，都是上帝的儿女，都把彼此看作弟兄，而且，将他们联结起来的社会，是永远也不会解体的。

但同时，这种基督教式的宗教，同国家也没有什么特殊的关系，它听任法律的裁决，法律没有增加它的任何权利，只保有它自身所具有的权力，它也毫无异议；因此，宗教这种最能团结社会的东西，也失去它的作用了。这种宗教不仅不能使公民心系国家，而且还鼓励他们将尘世的一切事务都抛却。我不知道，还有能比这更违反社会精神的吗？

在基督教看来，对一个宗教而言，它只是纯粹精神上的，天国的事情才是他们应顾念的；信仰基督教的国家，教徒不是这个世界上所在国家的公民。他在一个国家生活，诚然在尽他的义务，但他在尽义务时，是毫不考虑善与恶的后果的。除非他有什么要忏悔的事，否则世间或善或恶的事物，他都是不理会的。

可见，基督教只教人服从和依赖。它的精神极易走向专制，因此，它对专制政府是最为有利的。虔诚的基督教徒天生是充当奴隶的，他们也知道这一点，只是不大计较，因为在他们看来，这么短促的尘世生活，实在是太微不足道了。

但是，让我们还是回到讨论什么是权利的问题上来吧，并在这点上，把我们的原则建立起来吧。我们知道，社会契约许诺主权是属于人民的权利，所以，人民的权利只能在公共利益的范围之内实行①。因此，对属于人民的主权，人民在陈述自己的意见时，只能在公共社会（国家）的利益之内。一个社会，最重要的是：每个公民都应信奉一个宗教。这个宗教能使他乐于去尽该尽的义务，但这宗教的教义，只有涉及他对别人应持什么样的道

① 阿戎松侯爵（Marquis a'Argenson）说："在共和国里，只要在不妨害他人的范围内，都是完全自由的。"这是不可改变的界限，不能再有更精确的定义了。——原注。

德，应尽什么样的义务时，才和国家及公民有关。此外，对同一宗教，每个人可以有他自己的意见，而没有必要得到主权的认可：因为主权是无权过问另一个世界的所有事项的，它的人民来世的命运怎样，并不是其管辖范围之内的事，只要此生，他们是良好的公民就可以了。

因此就得有一种纯粹的、为一般人民都有的信仰，对于此种信仰，主权还应加一些条款对其有所规定，但它所定的条款和宗教教条是不一样的，它是全社会应该恪守的，是人们要成为良好的或忠实的公民所依据的格言。

尽管让人们都来信仰这些追加条款，主权是无权强制执行的，但对于不信仰它们的人们，它能够将其驱出国境——将他驱逐，不是因为他不虔诚，而是因为他是一个反社会的人，他对法律和正义不能拥护，在必须要尽义务时，他不能牺牲他的生命。如果有人在公会宣告，他信奉这些条款，而他之后的行为却没有显示出对它们的信奉，这样的人也不妨处以死刑：因为他犯了不可饶恕的罪，即对法律撒谎的罪。

这种要求人民的信仰，其教条应当是简单的，措辞是精准而无须注释的。在条款方面，积极的表述就是：存在一个有权力的、大能的、仁慈的，而且有先知和天意的神，有所谓来生，好人是可以获得幸福的，恶人是要遭殃的，有社会契约和法律的神圣等。其消极表述，仅表现为一项，即无法容忍异教——对其他崇拜的排斥，历来都是自身信仰的一部分。

排斥其他一切的民族宗教，现在已不存在，也不会再有了，凡是其他信仰的宗教，若其教条不违反公民的义务，我们都应该予以容忍。但是，凡是敢说"教会以外，便无得救"的人，都应该驱逐出境。

第5章 爱弥儿

——引 论——

卢梭曾时常说，对于职业的爱好，他的倾向是教师，在1735年，时值他二十三岁时，就曾写信给他的父亲，信中说，从他所能了解到的一切职业的情况来看，他只对一种职业"相当的偏爱"，那就是给青少年人当老师。1740年至1741年，在里昂期间，以及1743年在巴黎时，他曾几次都尝试过当老师，但并没有多出色的成就。早在1740年，他就曾在名为《计划》的刊物上，发表了他的教育理论，其中就显示出他的"爱弥儿"的某些特点，但在那时，他对自己所处的社会时期，对于精神的革新，尚未以斗士的态度去对待。当他在"隐庐"和蒙莫朗西隐居时，他对有关教育的问题开始了猛烈地批判。因为按照他的观念，文明已经将"自然人"弃之不顾了，所以对文明的改造，显得十分有必要——对这一问题，在他那昔日友好，现为敌人的"百科全书派"的思想中，并没有完全留意到。

他在《爱弥儿》的序言中写道:"我们这一时代的文学和科学,与其说是在发展,毋宁说是在被逐渐破坏。如果一个人模仿名流的风格去表述自己的想法,我们定会从中找出不好的地方来,说得更直白些,我们得采取别的作风,一种不同于哲学家们的,以骄傲口吻说话的作风,我们身边有大量书籍,不知道它们里面有关训练人们的艺术(艺术中最有用的部分)是不是被忽略了,但这些反对模仿的人们的意思是,这些书籍就是为公共效用服务的。"

卢梭的《爱弥儿》和《社会契约论》是在同一时期写就的,这两部作品是有关联的。它们所有内容的原则,都是基于自然人是基本自由的,我们该用教育的力量来保护这种自由,而且应该由立法者通过立法来真正地保护它。这两部著作,在卢梭所有的写作中,都是最勇敢和最有收获的,它们或许都是在十八世纪大革命前夕,在它的精神的孕育下而成的。无独有偶,二者都是几乎一出版,刚到读者手里,就被判为禁书,必须烧毁。《爱弥儿》完成于 1760 年,出版和烧毁于 1762 年。

爱 弥 儿
——教 育——

在自然看来,人人都是生而平等的,而"做人"就是每个人都要面对的共同的天职。所以,凡是受过良好教育的人,对这个天职,以及和它相关的一切事务,都是能够做好的。至于自己的学生,不管将来成为军人、僧侣,还是成为法官,都和老师的关系不大。不管每位父母为他们的孩子选择的职业是什么,在这之前,自然首先要求他,先去"做人"。生活,就是我所要教导儿童的事业；人和他的环境，就是我们所要研讨的真正对象。

所谓生活，不是呼吸，而是行动，即通过我们的器官、感觉、能力，以及我们自己身心的全部，来感觉我们自己的生活。生活的价值不在于在长久的岁月中经历了什么，而在于对人生敏锐的了解。

我们的智慧，始终无法摆脱偏见，我们所有的习惯，都在不知不觉间奴役了我们，束缚着我们，强迫着我们。文明人从出生到死亡，都挣脱不了被习惯奴役的桎梏。当一个人刚刚来到这个世上，迎接他的是便是襁褓的紧缚；在他死后，也被钉在他的棺木里。在人的一生中，他都被束缚在我们的制度、习俗里，而不能自拔。

请观察自然，并跟着她一起去走她所走的路。她会让儿童处于不断的运动中；她用各种各样的困难，来培养、充实儿童的体格，不久之后，她就又用苦痛和烦恼，来教导儿童如何面对。因此，他们所将要遇到的困难，使他们能够习惯。

无论成人还是儿童，都要经过很多缓慢和小心的探索阶段，才能逐渐知道，没有什么事情是值得惧怕的。

人类所有的恶行都来自身体的孱弱。顽皮捣乱的儿童，就是因为身体不强壮，只要让他的身体强壮，他的习惯自然就会向善良靠近，如果任何事情都是我们能胜任的，那我们就会做得很好。从上帝所赋予人的属性中看，善良是上帝的本性，我们对上帝的认识中，永远都不会落下它。

我不会努力地去采取预防措施，使爱弥儿不伤害到自己：绝不能使他一点儿也没有伤害过他自己，也绝不能使他到成人时，也不曾受过一丁点儿的苦痛，如果这样，反而会让我懊恼；去忍受苦痛，是他首要做的而且是最有用的功课。做功课，不是说把他关在一间不透气的房子里，而是带着他，每天都去草场玩。在草场上，他可以尽情奔跑，他会不断地跌倒，没关系，越多越好，跌倒，爬起，跌倒，爬起，在这样的过程中，不让他马上学会自己站起都难。

你也许会问，为什么会说"人是软弱的"的呢？"软弱"一词含有一种辩证关系，体现在生物方面就是：一个昆虫或一条蚯蚓，如果它的体力超过它的需要，它便是强壮的；一头象，一匹狮，一个征服者，一个英雄，一个神，如果他自身的需要超过他的体力，他便是软弱的。

啊，人啊！请过好你自己的生活吧，不幸将远离你。自然给每个人都指定了地位，守住你自己的地位吧，这样，任何势力都绝不会把你从这地位上踢下去。一定要谨守庄严的需要律！

凡是他能够本着自己的愿望去做的，而且能成为他所希望的那种人，他就是真正自由的。这是我坚定不移的信条。我们应把它应用到一个人的儿童时代，因为一切的教育原则都出自这里。

人的依靠有两种：一种是依靠于事物，这是自然要做的；一种是依靠于人，这是社会要做的。依靠事物，因为自然是不分善恶的，所以不至于危害自由和产生罪恶；依靠人，因为一些社会关系是违反规则的，所以会导致各种罪恶的产生，因此也使主人和奴隶之间，因互相需要而变得堕落。

我们应该致力于使儿童只依靠事物。他的欲望或愿望如果得不到满足的，只是因为物质的缘故，这些物质包括：要么是由于他随意的行动而应有的惩罚，要么是各种教训，其意义在于，当他所处同样的环境时，他就要想起之前所做的错事，以及由此带来的各种教训。这样，即使没有人禁止他去做错事，也能防止他做错事，这就已经足够了。亲身的经验和教训足以取代法律的地位。

你的孩子所要求的一切，你不必为他去提供，只需让他通过自己的努力去获取；他做事的出发点绝不能是为服从，而是为需要。

必须将类似"服从"和"命令"等语句，从他的词汇中排除出去。尤其应排除的是，带有"义务"和"责任"的语句；但体力、必须、软弱和约束等词语，必须在他的词汇中占有足够的地位。

如果做到这样，则当儿童的任何愿望不能满足时，他也能做到忍耐，表现出平和、宁静的心态，能泰然处之。因为，当愿望不能被满足时，人是能够忍受的，但他人的恶意，是无法忍受的。这就是人的天性。

我们可以订立一个明确的准则，它是无须置辩的，即人性中最初的各种冲动常是善的；在人类的心里，并不存在所谓原始的罪恶。人性怎样走进、为什么会走进各种罪恶的行为，都是有据可循的。

一个人幼时，所受到的最初的教育，必须完全是消极的。我所说的这种消极，不是教给他道德和真理，而是让他保持自己的初心，让他免遭罪恶和谬误之害。

适合于儿童的、仅有的道德教训——同样，对于人一生的每一个时期都是最重要的道德教训，它应当是这样："永远不要伤害任何人。"这就是要做好事的唯一一条准则，如果教育儿童的准则只是从属于这条的，那它就是危险的，带有欺骗性的，和矛盾的。试问，谁没有做过一些好事？恐怕人人都做过些好事，包括恶人和善人。但是，如果一个人拿一百个人的痛苦为代价，只为博得一个人的一笑，这算好事吗？它只会给我们带来一切的不幸。

人类的智慧并不能通天，不但没有一个人能知晓一切事物，就是将他人所知道的一点都加起来，也是不能穷尽世间的事物的。因此，每一个谬论，它的思想的对立面，就是一个真理，世上有多少的谬论，就有多少真理。

所以，对我们所教的知识，必须谨慎地选择。那个小小贮藏所，对我们的幸福确实是有贡献的，是值得一个聪明人去研究的，因此也值得一个具有灵性的小孩去研究，他不仅仅必须识记，而且也要研究什么是有用的。

有个真理，我们要时常谨记于心——无知永远不会使人受伤，能使人受伤的只有不正确的观念。无知不会导致我们迷失道路，凡是迷路的，都是带着自信上路的。

我们所能感知的事物，可以逐渐转变为观念，但不是说，我们感觉的对象一下子就能成为思想的对象。只有用好感觉的对象，才能让它变为思想的对象。感觉是理性最初活动的唯一向导——世间的生活就是书籍，历经的事实就是教材。

引导你的学生去观察自然界的现象，如果想要提升这种观察，你就不能立刻去回答学生提出的问题，去满足他的好奇心。让他体会到，他所知道的每一件事，都不是你曾告诉他的，而是通过他自己的观察学会的、知道的。倘若你一直用定论来取代推理，他推理的能力就不会得到发展，而他也不过是成为他人思想的一种玩偶罢了。

即便他做了错事，你也可以对此视而不见，不要指出并改正他的错误；你大可沉默不语，等他自己发现错误之处，并改正它们。或者，最多给他一些什么，比如给他一个机会，这也可以看作是用他的错误来教育他。如果他从没做过错误的事情，他就永远不会彻底明白任何事物。

在教学过程中，我的要点是，不教会儿童知道很多的事物，但也不让不确切或混乱的观念扰乱他。我不在乎他知道什么事物，不知道什么事物，只要他没有错误的知识即可。我通过让他熟识真理，使他免于错误而保护他，不过，他也许可以适当地处理错误。理性和判断只能缓慢地出现，但是，在这之前，偏见却成群地向我们袭来，所以我们必须保护他，使他免于这些危害。

将各种科学知识教会给他，不是你的主要任务。你的主要任务是，培养他对科学的一种兴趣，以及当这兴趣越来越浓厚时，教给他学习科学的各种方法而已。这是一切优质教育的基础。

因此，一个人自己学来的事物和认识的观念，和那些从他人那儿学习来的相比，是较为真实和较为令人信服的；我们的理性，不仅不习惯对权力盲目地服从，而且在处理现存的各种关系和相应的观念时，我们还会发挥较高的智力水平。

我们真正的教师，是我们的经验和情感，因为人除了从所经历过的事情中获益外，他永远不会从其他方面学到有利的东西。

一旦当我们出现"有用"这个字的观念，并设法教给我们的学生时，我们只是得到了多一种控制他的方法。

"那有什么用呢?"这才是孩子神圣的发问。我们把发问当作一种检测，用以检测我们生活中的每一个行为。

我不喜欢拘泥于对字义的解释，年轻人也绝不会注意我的种种解释，更不会去努力地记住它。事物啊！事物啊！我不能再将它总是挂在嘴边了。我们的教育太注重于文字，我们做教师的只会喋喋不休地解释，而将来我们的学生还不是照葫芦画瓢。

我非常厌恶书籍：它们只教会我们如何高谈阔论，其实我们什么都不知道。但是，我们手边还得有几本书，所以我现在就有一本，我以为它是一流的自然教育论。这本书的神奇之处究竟在哪里呢？亚里士多德？普利尼？布封？都不是，它就是《鲁滨孙漂流记》。

老师的主要任务，是使你的学生不要把注意力放在他不明白的社会关系的一切观念中。但是，当他的知识的发展到某一程度时，就会迫使你去以人类的相互扶助引导他，而不能以道德方面的事情引导他，你就要使他先注意这些，对人们有利的工业和机械的技术。

公众对各种艺术的价值的判定，其实与它们真正的作用是不成比例的，他们甚至直接依照它们无用的价值去判断。

假如让你的学生们和你分享这一成见，并获得这种愚蠢的成见的话，那他们将会变成怎样的一种人呢？举一个例子，假如你对宝石商店的礼貌多于制锁商店，他们看见你的这种举动的话，一方面，他们看见了不菲的价格，另一方面，又看见了真正有用的价值，当看到一种东西的成本越多而价值越少时，他们对艺术和事物的真正价值将形成怎样的观念呢？一旦你让他们持有这些世俗观念，如果还想对他们有进一步教育的打算，就不得不放下。这样一来，不管你花费多少精力，他们还是和一切其他的学徒没什么两样，而你坚持的这十四年纯属浪费。

在所有事物中，凡是不太有用而必要的艺术，毫无疑问，就是最有价值的。

在所有艺术中，农业是最早的和最可贵的艺术；其次我认为是锻冶，再次是诸如木工之类的。一个儿童，如果还没受到世俗的偏见对他的影响的话，他对于事物的认知，也大都是这样的。对于这些认知，它的许多有价值的东西，爱弥儿将要从《鲁滨孙漂流记》上学到。

在儿童还没有参与人类社会活动，并成为其活跃的一分子时，就应在他的心中，渐渐形成上述的社会关系的观念。当需要一种工具时，爱弥儿知道如何才能得到，人人都有自己的需要，并知道他人所需要的是什么东西，这样就可以通过交换而获得。儿童应知道此种交换的必要，这对我而言，是很容易做到的，而且我会鼓励他时常进行此种交换。

无论如何，人的第一要义必定是要生活下去，这个观点，或多或少地占据着每一个人的大脑空间，但当这个观点用到自己身上时，我常感到不知如何面对，无所适从。

在这个世界上，假如所有的环境都是那样的恶劣，致使一个人要维持生活，就不得不做不光彩的事，还迫使每位市民都踏入罪恶之门，如果真是这样的话，我们所要送去绞刑架的，不是那些犯罪的人，而是那些驱使他们犯罪的人。

现在的社会秩序是你所信赖的，因此对支配这个秩序本身的一种不可思议的变动，你没有注意到；同时，对你所不能预见和所不能预防的那个革命，它也许会影响你的后代，也没有注意到。命运使大者变小，富者变贫，君主变为平民，这些打击真的很少，以至于不会让你遭到它的打击吗？危机已逐渐降临了，革命迫在眉睫，我们正在它的边缘游走呢。

假设一个人脱离社会的范畴，仍然能生活，尽管这生活是孤独，但他也没有辜负他人，而是随心所欲地经营自己的生活。但我们既然都生活在社会中，就不能因自己的生活需要而损害他人，就只能用自己的劳动来换取自己的生活所需。可见人在社会中工作，是理所当然的。不管是贫穷或富有，强大或弱小，只要是懒惰之人，都可看作是一个盗贼。

我们在屈身成为一个劳动者之前，就应当将其置于自己之上。

爱弥儿需要学习一种技能。但你说"学习的技能至少是正当的",但你们所谓"正当"的意义,究竟是什么?世界上有用的技能难道不都是正当的吗?我不让他做绣工,做镀金者,做漆工,同时也不让他做个像洛克一样所谓的青年绅士,音乐家、话剧家或著作家也不是我希望他做的。我所希望他做的,与其说是诗人,不如说是鞋匠;与其让他在瓷器上画花,不如让他做个铺路的工人。你们也许要说,"警察、侦探和绞刑者,也都是有用的人民啊",但在我看来,如果不是因为政府的存在,其实他们一点儿用处都没有。

那些社会的不平等,在爱弥儿还没有观察到以前,他是不会渴望去做一个劳动者的。

现在,我们已使他成为一个劳动者和思想者,我们还应使他有博爱的胸怀、仁慈的心肠,让他的理智通过感情得以完善。但是,当我们使他具有这些品质以前,让我们回过头来审视一下,跟在我们后面的爱弥儿,他的心智发展得如何,并尽可能去确认,到目前为止,我们到底获得了多少。

尽管爱弥儿知道的不多,但他所拥有的确实是他自己的知识,决不存在对所知一知半解的情况。在他所知道、为数不多的事物之中,他彻底地明白,并知道自己真正知道的知识才是最有价值的。诚然,目前他所不知道的是大多数,不过也许日后他会知道,也许有许多更是他人已经知道的,他可能永远都不会知道。但是,无穷无尽的事物,又有谁都知道呢?爱弥儿不是由于知识而宽宏大量的,而是获取知识的能力,他坦承、谦虚而又聪明,并且易于接受新事物。对自己的所作所为,爱弥儿如果能够知道"为什么";对自己所相信的,爱弥儿如果能够知道"为什么是这样的"，那我就心满意足了。让我再重申一次，我的目的，不在于把精确的知识传授给他，而是通过引导，让他掌握获取知识的各种方法，并教他如何辨别某种知识的真正价值，以及热爱真理超过热爱一切事物。

爱弥儿既勤勉又节制，既忍耐又勇敢，他的想象还没有像野马一样脱缰，所以他的思想还不是危险的、夸大的；他所经历的一些不幸，使他知道忍耐一下是可以过去的，因为他还没有学会向命运发出抗议。他虽不明白死亡是什么，但他习惯于服从必要的法则，而不去反抗它，如果他不得不去死，他就从容地去，既不呻吟，也不力争，这就是，在那一个我们全都不想面对的时刻里，自然的教育所能带来的一切。教他在自由中生活，从不把各种人和事看作可依赖的对象，就是教他如何面对死亡的最好方法。

你们不妨想一下，十五岁的儿童能生活在此种情形里，他早年所经历的时光，可算得上是浪费吗？

热情，可以看作是我们最重要的防卫工具，如果想着如何去破坏这些工具，无疑是一种荒谬的企图，也是一种毫无成效的企图；这企图如同去战胜自然，去改造上帝所创造的事物一样荒谬。

我认为，想阻止热情产生的人们，正和想要破坏热情的人一样愚蠢。

但我们也该合理地探究一番：如果人类的热情都是自然的，这是我们的依据，那么我们自身所能感觉到的热情，我们看到他人所表现出来的一切热情，能否推断都是自然的呢？凡是奴役和破坏我们热情的事物，一定有它们的来源，它们的到来，虽然并非自然的本意，但在自然对我们的旁观中，在不知不觉中，我们也拥有它们了。

人必属于民族，那些不属于某一民族的人究竟是少数，是不足以挂齿的。在人类生活中，每一职务在本质上都是相同的。真是这样的话，最值得人们尊敬的，应是那些能容纳多数人的阶级。

要研究社会，就离不开研究个人，而研究个人，也离不开对社会的研究；那些把政治和道德分开来研究的人，对二者的理解自然不能深入。

在自然的环境中，人与人之间是有差距的，但还没有大到足以使某一个人去依赖另一个人的程度，所以，实际上，真实的和无法动摇的平等，只有在自然的环境中才存在。在社会的环境中，所谓权利的平等，只是妄想罢了，那些所谓的维护社会秩序的方法，它们自身就足以破坏这些秩序了，而社会的力量，加上强者被赋予的压迫弱者的权力，使自然建立的人与人间的均势，轻而易举地就被破坏了。从最初的矛盾的产生，到其他一切矛盾的产生，不管是真实的还是似是而非的，在社会秩序中随处可见。少数人常常牺牲多数人的利益，私人利益常常牺牲公共的幸福：那些冠冕堂皇的名词——如正义和服从——不过是强暴民意的工具和加重不平等的武器。

我希望你为孩子选择同伴时，应该使他知道，和他在一起生活的这些人都是好的，我更希望你带领他了解世界时，应该使他想到，在这个世间还发生着很多的痛苦。但是，最重要的是，还是要让他了解人的天性是善的，并让他感觉到这一点，关于他的邻居，还应让他自己去判断；不过要让他明白，在社会中，人类为什么会堕落和背离正道，让他找出一切罪恶的根源，而不是仅仅依从他们先入为主的想法。

　　但是我应该让爱弥儿做一个武士，做一个侠客，或做一个勇士吗？只要他认为是有用的、好的事，不论什么他都去做，除此之外，再多一件他都不愿去做。他知道，和自己的年龄不相符的事，就无所谓是好的还是有用的；他知道，他自身才是自己的第一个义务；他知道，青年人信赖的不应当只有他们自己；他也知道，他们的行为必须谨慎，对长辈必须崇敬，不应当说话的时候不说，不论说什么都得经过深思熟虑，不得胡说；但同时他又知道，做善事时，一定要大胆、率直；讲真理时，一定要勇敢，能有这样行为的当属那些有名的罗马人，当他们执行公务的时候，没有任何私心杂念，只是单纯地去惩恶扬善，此行为已超出了他所学的一切，超越了对正义的奖赏，也超越了对公道的保护。

　　不管在人群间还是动物间，爱弥儿都不喜欢看到纷乱或争斗的事情。这种和平的精神，正体现了他所接受的教育，这种教育，不会使他以自我为中心，只专注于自己的一己之私，所以也不会鼓励他通过专横和权威去寻求欢乐，将他自己的快乐建立在他人的不幸中。看见他人受苦，就如同自己在受苦一样，这种情感正是一种自然的情感。

　　我所声称的，想要造就的自然人，并不是把他送到森林中，让他变为野蛮人，而是要把他造就成这样的一个人：生活在现实社会的旋涡中，但不让人类的情感和偏见左右自己，这就足够了。我要让他用自己的眼睛去看，用自己的心去思索，不让他崇拜权威，只让他有理性精神。

　　去通查一下我的学生，他们所受的初期教育，没有一句提及宗教，我知道读者对此一定有些不理解。我的学生到了十五岁，他们甚至都不知道，所谓灵魂的存在，即使到了十八岁，学习灵魂，恐怕也不到时候。因为，如果他们太早学习灵魂，我生怕他们必定去犯"什么都不知道"的危险错误。

"倘使我们要得救，就必须信仰上帝。"对这句教义的错误认知，成为人类嗜杀的、不宽容的根源，也是一切无用说教的根源，这些毫无意义的说教，仅借着字面含义，就去训练人类的理性去欺骗自己，给自己以致命的打击。

对自己的义务具有信心，才可以说有信仰的可能。

在一些情形之下，一个人可以不信仰上帝，却仍然能得救，这些情形就发生在小孩或疯子中，因为按照他们的心智，非要让他们试着去认识神性，是不可能的。依据同样的原则，所有年事已高的人，如果没有信仰上帝，在另一种生活中，上帝也不会弃他而去，如果他的无知不是故意的话，而且我可以确切地说，这种故意并不能老犯。

去给那些仍然不能了解真理的人宣讲真理时，我们必须谨慎，因为这样做，对他们来说只是教他们谬误罢了。如果对神性的认识是低劣的、空想的、邪恶的和无价值的，还不如完全没有的好，即使不了解神性，也总比那些去侮辱、怠慢神性的要好。

轻视一切宗教，就是对人类义务的轻视。

第6章 一个萨伏衣牧师信仰的自白[①]

——引 论——

不得不说，《一个萨伏衣牧师信仰的自白》插入《爱弥儿》的第四篇，显得很突兀，因为它们是两种完全不同风格的作品。但由于这部作品非常宏大，充满活力，使它在卢梭的生活中，在十八世纪的哲学和宗教思想中熠熠生辉。

此后，卢梭提到的"大革命"，都是随着1749年，发生在他身上，使他遭受巨大打击的那件事而引发的，卢梭也终于表达了对和他同时期的"百科全书派"的不满，他说他那时关注的是有关另一精神的世界，但他感觉他"不得不担负起另一种事业——对他的思想进行重新评估"，卢梭接着说"他们热衷于推销无神论，是极其骄纵的独断论者，他们对那些胆敢和他们的主张相违

---

① 萨伏衣是法国东南部的一个地名。原为萨伏衣公国，于1860年并入法国。——译注。

背的任何人、任何一桩事，都怀着愤恨的心情忍受着，……"他还斩钉截铁地说："我从来没有接受过他们的思想，因为它们不成体系；对具有自己主张的人们，他们采取如此顽固、抗拒的态度，这种主张的不同，绝不该是引起他们深仇大恨的原因之一。"他对创建自己的哲学仍孜孜不倦。这项工作非常艰难，以致他经常有放弃的打算。可是他依然坚持着。他认为，这是他生命中，第一次有了坚持的勇气。可见，这工作无疑是关乎他灵魂的和无穷命运的。

"我在《一个萨伏衣牧师信仰的自白》中所袒露的，就是我实际辛苦研讨的结果，目前为止，人们无视它的存在，毫不在意地笑谈着，将其看成不好的事物，但总会有那么一天，它将点燃人们内心渴望革命的火种，善良的感觉和信仰在人们心里再次复苏的时候，便是这一天来临的时候。"①

这话实在不假：这薄薄的一本小册子，却产生了如此大范围的影响——天主教徒和新教徒都被它惊动了，它引发了二者的仇恨，且同时使他们对作者加以迫害——但在下一代的心里，播撒了无法估量的种子。

一个萨伏衣牧师信仰的自白

我无法理解，在原则上，谁愿意成为一个忠实的怀疑派呢？在此派人中，要么不曾存在过哲学家，要么他们就是人类中最可怜的人。对于我们早就知道的事物，他们却持怀疑态度，这是对人类心智最粗暴的践踏。这种践踏是我们不能忍受的，不管这种

---

① 见《孤独散步者的梦想》，写于 1777 年他去世的前一年。——译注。

践踏最终会如何，人类心智终归要选一条路去走，至于怀疑派们，宁愿受骗，也不愿有什么信仰。

我拜访过几位哲学家，也思考过他们不同的学说，但我觉察出他们所有的人都是一样的：骄傲、肯定、独断和自信（即使对他们所谓的怀疑也是如此），他们自以为知道每一件事，无凭无据但互相谩骂。分析他们的论证，就知道他们全是破坏性的，只是热衷于互相争辩罢了。即便我听过他们的说法，但仍旧犹豫不决，因为我从中找不到任何解决问题的方法。

我认为这些哲学家的意见之所以如此不同，一方面源于人类智慧的局限，另一方面是源于他们的骄傲。我们无法去测量人类智慧这架庞大的机器，也无法算出它们的工作；我们既不了解它运作的原理，也不了解它终极的目标；我们对自身的了解也极度贫乏，我们无从知道我们的天性，也找不出那指引我们的精神；人类究竟是一源还是多源，我们一概不知，我们整天被困在许多钻不透的秘密当中。这些秘密并不属于感觉的范畴，我们想的是，凭借我们的智慧之光，我们能洞悉它们；可是我们却倒退到用想象来解决它们。每个人都想通过自己的想象，努力为自己寻找一条至少他认为是正确的道路，至于它是否真的可以带他找到目的地，却没有人敢给出肯定答案。可这并不妨碍我们想知道并了解这一切的渴望。这就像在某种很大的整体上，有一个断片一样，我们注视的领域并不是那整体，而是这一断片。这一断片恰恰是造物者所遗弃的，它把它留给我们这些自以为是的竞争者了，因此，我们想判断那整体的性质，想理清我们自己和它的关系，显然有些无能为力了。

从以上这些审视中，我所知道的第一件事就是，对和我有直接关系的事情的探究要加以限制；而对那些自己极端无知的事情要加以了解，以至不是我必须要知道的任何事情，不必劳烦自己去怀疑它们。

我也深知，那些哲学家们，绝没有能力将我从无用的怀疑中解脱出来，他们只徒增了更多的怀疑来扰乱我的思绪，而不能消除它们中的任何一个。

因此我选择其他途径，并会说："让'灵性的光辉'指引我吧，因为它不会像其他东西那样让我走入迷途，或者说，如果它要引我入迷途，这过失也不在我自己，而且我也不会犯太大的错误，如果让自己的各种幻想指引自己，那无疑会中了它们的诡计。"

我不但存在，而且具有感官，并且透过这些感官，我能获得各种印象。这是我最初认识到的真理，并使我惊讶不已，我除了接受它别无他法。不仅有我的存在，而且也有其他实体的存在，也就是说，我即使感觉到了各种物象，即便假设它们只是一些观念，但这些观念还不是我。

除我自身以外，每一件进入我感官的事物，我都给它们命名为"物质"，那物质的每一个小碎片，我猜它们都可以随意结合成不同的实体，我称它们为"形体"。所以，观念论者和实体论者的一切争论，在我看来，都是毫无意义的。因为它们不存在表象和形体间的差异。

我现在相信宇宙是存在的，就像我自己是存在的一样。其次，我再三审视我感觉到的物象，因为我觉得我有权力将它们逐一比较，所以我明白我被赋予了一种积极的力量，这是我之前从未想过的。

在宇宙间，在某些方面作为一切物质的共同中心点的物质是不存在的，因为它们都是在这中心的四周聚集，所以，在彼此之间，在互相的关系中，彼此都是互为目的和手段的。在这无数的关系里，心智会混乱和消失，而这些关系中，并没有一种结合，因其自身在群体中而发生混乱或消失。因此，如果要从那运动中，从物质的盲目机械主义中，演绎出这一切是和谐的，那这演绎该是多么的荒谬！

我相信，有一个聪慧而有权力的意志在统治这个世界；我见到，或者还不如说我感到了这个事实，如果想去证实这一点，确实是一件不小的事。但世界是经常这样存在的吗？或者它是被创造出来的？一切事物的来源都是一个吗？还是说有两个或更多的呢？它们有什么样的性质呢？我不知道。而这些和我又有怎样的关系呢？

且不去问物质是自有的，还是创造出来的，物质的起源是被动的，还是主动的，我就已相信它们是一个整体，也相信这整体意味着一种单纯的智慧，这些是毋庸置疑的；因为我知道，任何一种东西都无法摆脱某一秩序或某一体系而独立存在，任何一种东西都是在协作中向同一目标前行，也就是说，一切都存在于已建立的秩序中。这种存在，可以使他有希望，并且能完成他的意志，使他借着自己的权力而活动，不管他成为什么样的人，他都可以扭转乾坤，号令任何事物，这一存在，我就称其为"上帝"。这一名词，我认为他是智慧、权力、意志等各种观念的集合，除了集合这些观念外，他还有仁慈，这是必然的；但除了这些，他却不让我知道得再多了，我不知道他还有什么别的东西了，这一存在，我所知道的也就只有上述的观念了。他将自己隐藏起来，躲开我的感官和我的理解；尽管我越思索他，我就越觉得纠缠不清，但我十分确定，他是存在的，我也十分确定，他只因自身的存在而存在，不像我，我的存在仰仗于他的存在，而且我知道，一切事物的存在，也都是仰仗于他的。在上帝工作的任何地方，我都可以看到他，我能感觉到他就在我周围，并能看见他围绕着我，但如果我试着去探索他，去寻找他的所在的话，想知道他是什么，什么是他的本质的话，他就避而不见，我被他所困扰的心灵也就一无所获。

我知道自己的能力，所以诸如上帝的本质这一类问题，我将永远不作论辩，除非我真的了解他和我的关系。但是，当我想发现自己在同类中的地位，并来审视人类社会不同的等级，和充塞在这些等级中的人们时，那么，我身处何方呢？我见到的光景该作何解？我所认知的秩序是在现在的哪里？自然展现在我眼前的景象是和谐的，是比例相称的，而人类所展现给我的却不过是混乱和无序罢了。尽管各种元素之间配合协调，但社会是纷乱无序的。我放眼望去，大地上满是罪恶。人类看起来是在自由活动，但在他背后，似乎被一种精神的力量所鼓舞，这是我的第三个信条。

由于人类是活泼而且自由的，所以他的活动是受自己的意志支配的，凡是他自由去做的事，便不属于上天要求他去做的一部分，所以他不能将这些事推诿给上天。上天不愿指使人去做罪恶的事——这种罪恶，是人类对上天赋予他的自由的滥用，上天也不会阻止他做罪恶的事，这或许是因为，一方面像人这样弱小无力的生物，因过错造成的损害，在它看来是微不足道的；另一方面，它不去阻止的这种过错，不至于造成较大的危害，也不会使他的本性堕落。上天已经给予他自由，向善还是从恶，他可以自己选择。由于上天已经非常严格地限制了他的权力，如果他合理地使用上天所赋予他的各种权力，他便知道如何去选择，所以，即使滥用他的自由，也不会破坏一般的秩序。人类的罪恶只会对他自身造成伤害，并不会波及到世界的秩序。

滥用我们的权力，只会使我们不快乐地坠入罪恶的深渊。我们的困难也好，遗憾和苦难也罢，都是我们一手造成的。道德的缺陷，必然是人为造成的；身体的疾病，必定与我们的恶习脱不了干系，这些缺陷和恶习容易使我们产生罪恶。摆脱自己带给自己各种罪恶的方法只有死亡；自然不会让你永远承受苦难。

啊，人们啊！不要再去找什么制造罪恶的人了，因为你本身就是。除了你所做的，或你忍受的罪恶以外，就再没有其他的罪恶了，而这两者都是由你自己造成的。一般的罪恶只会从无秩序中生发，在世界秩序中，我找到了一种十全十美的制度。

一切东西在本质上都是善良的，所谓不公道的存在是没有的。公道与善良是如影相随的，善良出自无限制的权力，它在一切具有知觉的生物中存在，是其爱心的必然产物。众生是由全知全能者以他自己为模板（请允许我这样说）创造出来的。权力无时无刻不在做的工作就是创造和保卫；权力不在那些未曾存在的东西上工作，上帝也不是死者的上帝，因为他如果去做伤害和破坏的工作，势必会波及他自己。凡是善良的东西，都是全知全能者所渴求的东西。因为他拥有至高权力，所以崇高善良的他，也必须是崇高公道的，否则他就会违背他自己。足以创造秩序的爱和心灵，我们称作善良，而足以保卫秩序的爱和心灵，我们称作公道。

如果灵魂是非物质的，那么死亡的只是肉体，它会使人虽死犹生，果真是这样的话，上天就是公道的。尽管我没有其他证据来证明灵魂是非物质的，但在这世间，恶人的成功和善人的凄苦就足够说服我了。在普遍的协调中，这样一种令人惶恐的，不调和的现象，正是我要想办法去说明的。我对自己说："只要生命还在，便不会有结束，一切事物都在临死时，才能找到它的地位。"我还必须解答的问题是："当我们通过我们的感官，知道人的一切都幻灭了时，人将变成什么？"当我理清了两种要素时，这个问题对我而言，将不再是问题。如果将本已结合的灵魂和躯壳破坏时，我认为，一个也许会解体，而另一个也许会继续存在。为什么一个的破坏就一定意味着另一个的破坏呢？反之，当他们在一种极其不稳定的状态中结合时，它们的性质是如此不同，而当这结合被解散时，它们又都恢复到各自自然的状态中：积极的生的本质如果获得了力量，随着这力量的壮大，将消极的死的本质也带动起来。哎！我因我的罪恶深切地感悟到：人在这世间的生活，并不是完整的；只有当躯壳死亡时，灵魂才开始生活。

但生活又是什么？人的灵魂，在本质上是不灭的吗？我无从知道。我的理解力是有限的，因而无法把握这无限的东西；也无法把握所谓的永恒。什么是我能够肯定的？什么又是我能够否定的？我所不能设想的东西，我怎样才能论证？例如我相信灵魂能使躯壳虽死犹生，是为了维持秩序；但这真的能使它永恒吗？谁又知道呢？虽然我知道，躯壳的死亡是由于它的部分遭到分解，以致它被破坏乃至消失的，但我无法假设，类似的破坏也会发生在意识上，而正因为我想象不出它的死亡，所以我假定它不会死。既然这假定是可以宽慰人的，它本身又不是毫无根据的，为什么我还是会害怕接受这个假定呢？

不要问我，恶人的痛苦是否会永远持续下去；也不要问我，他们善良的创造者，是否会让他们永远遭受苦难。我觉得，如果诅咒他们在苦难中永世不得翻身，同样是让人难以置信的。如果至高的公道要复仇，那么今年它就会来。

所以，我在无声息地查探上帝的造化时，在研究那些我知道的有关他的性质时，我已逐渐把握和发展着一种观念，最初，这一观念是部分的，不完全的，现在已经在我的观念里形成了关于它的全部。当我听说我的灵魂是精神的，而上帝的灵魂是神灵时，我认为这是对神圣的本质的亵渎，我反对这种说法，这好像在说上帝的灵魂和我的是一个似的，它们性质相同；好像上帝不是一个生命，而只是绝对的存在。即使他是一种存在，也是唯一真正积极的、有感情的、有思想和意志的存在，从他那里，我们获得我们的思想、感情、活动和意志以及我们的自由和存在！我们之所以是自由的，是因为他愿意让我们自由，他的无法解释的性质对于我们的灵魂，好比我们的灵魂对于我们的躯壳一样。

对他无限的性质，我越是努力探求，我了解的就越少，但即使这少许的了解，对我来说也已足够了，我对他的了解越少，就对他的尊敬越多。我内心自卑地说："创造众生的生命啊，正因为你的存在，才有了我；在你身上获得的我的思想，就是提升我生命的源泉。只有在你面前放弃我的理智，它才会获得最高的回报，我的心智才会愉快，我的缺点也才会欢喜，而我也才能感觉到自己是淹没在你的伟大之中的。"

这样，我就可以从感官对象的概念，从我的内在的意识里——它指引我的天赋，去理智地判断各种原因——演绎出各种主要的真理，我需要知道这些真理，所以现在就得去寻找这种演绎的原则，并尽我所能，从上述的真理中将它们剥离出来，此外，依照我的造物主的指示，我还得去思索我必须订立的规范有哪些，以此作为完成我在世间的命运的指导。还有一个原则也是我要遵循的，我获取的这些规范，不是来自较为奥妙的哲学原理，而是来自我的心灵深处，是依着自然的不能被任何东西所抹杀的各种性质，我要在那儿去寻找它们。至于哪些是我愿意做的，我只需和我自己商量即可。凡我感觉合理的，那便是合理的；凡我感觉错误的，那便是错误的。良心是最佳的抉择者，只有当我们和良心争论时，我们才会向论证的智巧去求助。

所以，在我们内心深处，都有一种评判公义和道德的固有原则，有了它，不管我们的信条是什么，我们自己的行动或他人的行动是善是恶，我们都可以判断出，这原则我称之为——良心。

但我知道，不是说有了一个原则就够了，我们还必须去了解它，去追随它。如果它的话是讲给所有的心听的，为什么肯留意听它的话的心，仅占极少数呢？它用自然的语言对我们的心讲话，而诱惑我们去忽视那种语言的事物却数不胜数。

在人的一生中，有这么一个时期，他的心热切却飘忽不定，贪图一种不可知的快乐，它一门心思寻求这快乐以致被感官所欺骗，它以为它已找到快乐，但它最后公然认定的，只不过是快乐的空洞的外貌罢了，在那里，其实并没有快乐。这些幻象如果也想将我引入迷途，我可知道它们是什么，至少，我是不会再受它们的欺骗了，而当我甚至把地位让给它时，我也蔑视我自己，我的快乐的目标绝不会是它们，但我可以将它们视为到达快乐的一种障碍。我渴望有那么一刻，我可以将自己从身体的牢笼中解放出来，那时我就可以找回自己的本性，我只有一个自己，不再一分为二。那时，我对自己得到的快乐感到满足。同时，在这一生中，我也是快乐的，我不在意它的一切罪恶，因为在这些罪恶中，我自认为自己只负一点儿责任或全无责任，而在此过程中，我所获取的所有真正的善，只是源于我自己。

即使现在，我使这种快乐成为有力的和良好的境界，并在此境界中增高我自己的价值，但我还会常常去做更深一层的观察和思考。我思量这宇宙的秩序，不是用某些无用的体系去阐释它，而是对它投入无止境的崇拜，崇拜这聪明的造物主，他已将他自己镶嵌在此秩序里。我坚持和他交流，我将我所有的权力欲都投放在他神圣的性质里，他的仁爱将我淹没，我因他自身和他的给予而幸福，但我不向他诉求。我要向他诉求些什么——要他去改变自然的秩序，为我产生奇迹吗？不，我应当爱这秩序胜于爱一切，这秩序的建立正是他智慧的体现。这秩序得以持续，正是因为他的先见，我能仅因自己的一己私欲而让那秩序混乱吗？不，这种冒昧的诉求，与其说不会得到允许，还不如说会遭受惩罚。

我始终都不能信任自己，因此我唯一要向上帝诉求的事情，或者说对他的公道有所期望的，那就是，假如我误入迷途，假如那错误对我是有危险的，请帮我改正我的错误。假如我是诚实的，我正想着我自己是没有错误的，在我自认为是真实的那些意见里，也许藏有很多谎言：为什么有人不坚守自己的信仰呢？有多少人能和周遭都是和谐相处的呢？那幻想之所以能欺骗我，也许就是自己不够善良，不够坚定，但只有上帝能够消除它。我已尽我所能去探求真理，但它的根源还是那么遥不可及。

在我的论述中，除自然的宗教以外，你找不出什么别的来；如果我们还想要其他更多的，那真是奇怪的事！

我们不要把宗教本身和加在它外表上的形式相混淆。只要是发自每个人的内心的崇拜，就是上帝所需要的仪式。只要内心虔诚，无论什么仪式都永远是一样的。

上帝所希望的是，人们在精神上和真理上都是崇拜他；这是属于每个宗教，每个国家，每个人的义务。至于崇拜的仪式，如果秩序一定要求统一的话，那不过是交由纪律管控的问题，而无须上帝的启示的。

所以让我们去忠实地探寻真理吧，至于牧师和父母的权威及我们在门第上所应得的权利，都是无足挂心的。同时，在幼年时期，他们所传授给我们的，妨碍理智和良心的一切障碍，我们都可以予以清理。他们虽大声疾呼："顺从你的理智！"但这也是徒劳的，这不过是一个欺骗者常会说的一句话，但让我服从我的理智，必须要有一个理由。

信仰因理解而越来越坚强，越来越有力量，最简单的宗教才是最好的。凡是把要对我宣讲的宗教，藏匿在神秘和矛盾之下的人，只会导致我对那宗教的不信任。我所崇拜的上帝，不是黑暗的上帝，如果他不曾让我去理解，那就是在阻止我对他的崇拜；如果他告诉我，要顺从我的理智，那就是在侮辱理智的赐予者。真理的代言人，不是要占有我的理智，而是启迪我的理智。

在欧洲，有三种主要的宗教形式。第一种宗教形式只接受一种启示；第二种宗教形式接受两种启示；而第三种宗教形式接受三种启示。每种宗教都排斥、憎恨其他宗教。不同宗教的传教者也相互诅咒，谴责信仰其他宗教的人是盲目的、偏执的、残酷的和虚伪的。

所有这三种启示，都被写成了不同的《圣经》，而其所使用的文字，却是那些信仰它们的民众所不懂的。

我永远无法相信，那包含在书中的意义，是每个人被迫去了解的；我也永远无法相信，那些没有书本，那些理解不了这些书本的人们，将因他的无知——这个本不属于他的过失而遭受惩罚。这些书难道不是人所写成的吗？那么，为什么一个人的义务就需要他人来教导，那在这些书没有出版以前，他又是如何去学习他的义务的呢？他必须为他自己而学习他的义务，否则，他的无知必会被原谅的。

　　人类中还有一大半的人，他们既不是犹太教徒、伊斯兰教徒，也不是基督教徒。而且还有成千上万的人，还不知道摩西、基督和穆罕默德是何方神圣呢！

　　我认为，有别于其他一切的宗教，都有许多善良的制度，它们规定统一的方法。在大众崇拜中，任何国家都可用这种方法，表示他们对上帝的崇拜；在一个国家或一个政府里，抑或在民族的天性中，或其他含有地方性的原因里，这些制度都有它存在的理由。而这些理由，使一个国家在某一特定的时空上，更容易喜欢上别的宗教。我相信所有的宗教都一样的善良，只要它崇拜上帝的方法是适当的，凡是出自内心的崇拜都是真正的崇拜。上帝不会置人的崇拜于不顾，不论人以何种形式奉献，只要这奉献是虔诚的。

　　当更深一层的知识还没到来时，我们首先要尊重公共的秩序，在任何国家中，我们都应尊重法律，不应触犯法律所规定的崇拜仪式；不能蛊惑它的公民使其不服从命令，因为我们的知识还不够正确，所以不能让他们因我们的意见而放弃他们自己的意见，在另一方面，我们又十分笃信，不服从法律的行为就是不好的行为。

　　不论你有怎样的述评，你应记住，宗教的真正义务，是人类制度的独立；记住，一颗公道正直的心，就好比是住在真正的圣殿里；记住，无论在哪个地方，在哪座教堂，爱上帝应胜于爱其他一切的事物，而对我们邻居的爱，就跟爱我们自己一样，这就是整个法律的要义；记住，世上所有的宗教，都是我们要履行道德的义务；记住，以上所说的这些都是非常重要的；记住，这些义务中最重要的一项就是内心的崇拜；尤其应记住：没有信心，就没有所谓真正的道德。

有些人诡辩他是在解释自然，其实是将有害的言论散播在人类的内心，请远离这样的人吧；有些人是表面的怀疑主义，他们所反对的人经常用斩钉截铁的语气说话，和这些人相比，他们的话显得既自以为是又独断，请远离这样的人吧。他们的主张如此骄傲，以至于他们认为，只有他们是开明的、真实的、诚挚的，而忽略了自己是如何凶恶地威胁我们，让我们去服从他们遥不可及的论断，并许诺我们，将那些用他们的想象所构建的愚蠢制度给予我们，仿佛它就是一切事物的真正的来源。还有比这更可恶的：凡是人们所敬重的，他们都加以倾覆、破坏并蹂躏，就连苦难者在困苦中得以慰藉的最后东西，他们都不放过；唯一能约束富人和有权势的人的热情的事物，也同样被他们剥夺了；人们内心深处，对罪行的一切悔恨也都被他们摧毁了，人们有关道德的所有希望也被他们摧毁了，而且他们竟胆敢夸口说，他们是人类的救世主。他们说真理永远不会对人造成伤害，我也这么想，但我认为以上所说就是强有力的证明，证明他们所说的一切并不是真实的。①

你应真诚和谦逊；你应去学习如何才能做到天真，然后你将永远不会欺骗你自己或他人。不管什么时候，如果你已具有了对他人说话的才能，就应该经常凭你的良心说话，不要在意听众对

---

① 对此，达隆培尔曾详细地论证过，认为宗教狂热者比无神论者更为有害，而且这是无法否认的，虽然这句话是可信的，但他又简明地说，宗教狂热虽然残忍和嗜血，但它仍是伟大的。一方面，是一种有力的热情，它能激发人类的内心，教人将生死置之度外，并能使他产生一种极大的动力，这种动力，只需给予合理的引导，便可产生最崇高的道德。在另一方面，非宗教的、善辩的哲学精神，一般只是打击生命和削弱生命，使灵魂堕落；他将人的所有热情都集中在最卑劣的自利中，集中在人类自我卑鄙的心理中。即便这样，它也不曾涉及甚至削弱所谓整个社会的真正基础，因为这一切私己的利益的共同点是那样的微小，以至于它永远不能和敌对一方的利益相比较。——原注。

你的赞美。如果妄用知识，只会引起人们的不信任。具有学养的人，觉得他们每个人都一定有自己的意见，所以常常忽视群众的意见。一种崇高的哲学会将人引入无神论，盲目地崇拜会将人引入宗教的狂热，我们应避免这两种极端。应在简朴的内心中，坚定地保持着真理，或行走在你以为是真理的道路上，要永远不因骄傲或缺点而使你自己改变。即使在哲学家面前，也应果敢地承认上帝的存在；即使在那些最不能容忍他人的人面前，也勇于去宣扬人道。这样，也许会使你孤立无援，但你的内心将会洞悉，人们没有重视你是因为你的正直罢了。他们爱也罢，憎也罢，诵读你的著作，还是舍弃它们，这都和你无关。说最真的话，做最正的事。在这世上，唯一和你真正有关的事情，就是去尽你应尽的义务；而且当我们自己将自己忘记时，才是真正开始为自己而工作。

如果哲学家鼓吹无神论没有引发过流血，那是因为他们还不够热爱和平，对善还持有一种冷漠的态度，只要这些哲人在他的研究中没有遭到骚扰的话，他人所发生的事情似乎就和他没有关系一样。诚然，他阐述的各种原理没有杀害过人，可是它们却败坏了曾使人类的道德，离间他们的同类，降低他们对秘密的、自私自利的一切热情，用这些手段去阻止人们生育，这给人口带来致命的伤害，对道德带来的后果亦是如此。哲学家的这种漠不关心的态度，正和专制国家里的平静一样，它们的平静只是死亡的预兆罢了，而战争本身，和上述情形相比，带来的并不见得是更坏的后果。

所以，宗教狂，与现在那些所谓哲学精神相比，它造成的直接后果显然是更不幸的，但与那些哲学家们造成的后果相比，它的不幸却少了许多。

第7章　新爱洛绮丝（朱丽）

——引　论——

　　1756 年 4 月，卢梭开始从巴黎逃亡。在逃亡期间，他做出移居乡间的决定，并在蒙莫朗西森林区附近的"隐庐"，一个小屋里居住，当时正值春季，卢梭也就生活在自己的幻想之中。"他因为受一种需要——一种爱情从未得到过满足的需要而烦恼，因此他已看见自己正一步步向老年和死亡的边缘靠近，走进他的确从来没有经历过的生活"，于是，他对自己充满同情，以致沉溺在他的忧郁里无法自拔。他想到了一个消遣寂寞的方法，那就是创造出有趣的人物来，他想象着，"爱和友谊这两个偶像，在他心里十分可爱的地方居住着……"他接着想象这两个朋友，它们"性格相似，但兴趣爱好和气度方面稍有区别。"他还说，"我把一个创造成黑暗的，另一个创造成美丽的"，"一个是活泼的，另一个是儒雅的，一个是聪明的，另一个是羸弱的，唯有这弱点，才成就了它，使涉及它的一切都差不多变成了美德。对这两个人，我给他们各创造一个爱人，她们互为知心朋友，或比知心朋友还亲近一些，但我不允许他们有情敌，不能出现争辩，也不许有妒忌。因为，我创造出的这幅图画，是让人心生愉悦的，它应当是纤尘不染的，否则，它的这种本质要大打折扣了。我在两个可爱的、典型人物的陪伴下，愿和他们——我的爱人及朋友合二为一，不过，我使他可爱是因为他的年轻，所以给他赋予更多的德行，同时也给他更多的缺点，因为他的这些德行和缺点正是我自己所有的。为了把我的人物安置在适合他们本性的地方，我就在脑海中把我在旅行中所见过的地方都过了一遍，尤其是最美丽的地方。我对巴罗米群岛（Barromean Islands）已想念多时了，它的景色是那样令人愉快，让人心驰神往；但在那里，我发现，为我的人物作装饰的东西实在是太多了。因此，即便巴罗米群岛景色宜人，但必须要有一个湖，所以最后我选择的是一个湖，一个使我的心因它而转，永不停止对它赞美的湖。我决定在这湖（利曼湖，L'eman）的某个地方，在我想象的幸福中，永久地定居下来，只是我的命运对这幸福有限制罢了。我在维维（Vevey）建造新的避难所……我开始在稿纸上随便写下不多几个字，这本书最初的两篇，几乎完全是用此种方法写下的，并没有去计划什么精密的结构。……经过许多努力之后，这一切想象已不受自己的控制了。我只好把自己完全交给这些想象，而试着努力将自己的故事继续写成一篇小说……"①

---

① 此部分是罗曼·罗兰根据《忏悔录》第 9 章编写。——译注。

新爱洛绮丝
——朱 丽——

　　我认为，如果在理解力一度匮乏的情况下，自我反省也能得到稍许发展的话，对真理的发现，是我们依据一定的逻辑推理而得出的，因此要远远优于对书本的依赖。因为采用这种方法，获得的印象较深；反之，如果用来观察事物的标准是采取已经公认的东西，那么得到的只能是一半有关这个事物的真理，这可以说只是借光点烛罢了。可见，我们凭自己所想的东西更为丰富。不过，蒙田也曾说过，我们的全部教育包含于借用之中。诚然，我们所受的教育，多是去使用他人的财富，而鲜有人去打开自己的宝藏。

　　对书本太盲目地依赖，正是青年学生所犯的大错误，他们过分怀疑自己的能力，而不去反省一下，他们通过自己的推理所犯的错误，必定比从那些所谓的系统著作家的诡辩术中所得的错误要少。假使我们愿意深思自己的感触，那么区别德行与美，对我们来说并非难事。不需要他人的教导，我们就能轻而易举地区别出它们；只有涉及极端的德行和至高的美时，理解起来有一定的难度，因为它们较为罕见。我们认为自己毫无认知自然事物的能力，这恰是虚荣心对我们的误导，它还让我们误认那些我们自身察看不到的品质，是属于梦想的。懒惰与恶习假借它们为普通的事物而大行其道，因为大多数平庸无奇的人认为不普通的事物是不存在的。我们必须尽力铲除此等错误，用我们自己沉思伟大事物的方法，去打破他们的这种谬论。于是乎，按照程度的差异，我们的竞赛虽沿用惯例，但我们的品位已大大提高了，对于一切，如果以前是漠不关心的态度，那现在就成为不可容忍的了。

如果依靠我们自己就能发现的一些内在的原理，那就不要再依赖书本了。那些哲学家关于德行和幸福的无谓的争辩，和我们有什么关系呢？我们努力寻求实现德行与幸福的方法，但毫无结果，与其这么浪费时间，还不如利用这些时间去实践德行和幸福；我们与其在体系和意见的摩擦中忙乱，不如去探究一些伟大的先例，学学他们是如何做的。

我一贯认为，德行实际上就是一种积极的美；或者，至少和它是密切相关的，二者在自然中的发源是相同的。从这点上看，睿智和嗜好也是通过改进积极的美而紧随德行的一颗心，如果真的能感知德行的美，那么它也一定能从其他不同的美中感受到相同的印象。可是，正确而精美的直觉，只能从习惯中获得。因此，我们终于知道了为什么某种普通观察者毫不注意的物体，会在一个画家眼中，成为一种绝佳的风景或一幅精美的图画。我们的直觉曾视多少真实的印象为我们所不能解释的呢？常常出现如许的"我不知为何物"，那是只有依靠嗜好才能感知的吧？就某种程度而言，嗜好可以说是我们感知判断的显微镜；它将纤细的物体，投入我们的视线范围；且它的行为始于判断而终于我们的感知之处。如果不是这样，那我们将采取何种方法培养嗜好呢？我们不妨这样培养：练习我们的视觉，就像练习我们的感情一样，通过明察秋毫来练习对美的判断，就像通过感觉来练习我们对德行的判断一样。

对所谓"名誉是什么"这句话，从世界的意见里找到的答案（世界的名誉），和遵从自尊心推导而得出的答案（真实的名誉），的确有很大的不同，前者只是带着愚蠢的偏见的一种哄叫而已，如同四时之风般飘忽不定，但后者则是固立在道德的永久真理的基础之上。世界的名誉和幸运有关，这或许是有利的，但由于它不能触及灵魂，所以对真实的幸福没有影响。反之，真实的名誉，才是快乐的真正来源，只有它能唤起人们永久的内在满足，这满足正是人类得以幸福的源泉。

对于自己还没有践行的德行，都敢于向他人宣传说教，这是何等的卑劣的人呀！他自己所承受的苦恼，都会被他的热情蒙蔽。那么，他如果发现了自己所受惩罚的原因，他将立即嫌恶那种曾牺牲了自己名誉的情感。不管何种享乐，如果不被内心所认可的话，都不会从中获得真正的愉悦，况且此等享乐，还会对我们爱的对象造成伤害。一旦完美的观念变成抽象的概念，我们的热望将被消灭；如果取走我们对爱的对象的尊重，那么爱本身也就终止了。怎能叫一个妇人，去尊重一个连他自己都不会去尊重的男人呢？这样一个男人，又怎能尊敬一个妇人呢？她的懦弱如何使她自己免于邪恶的诱惑呢？互相蔑视可以说是自然的结果，他们的真正热情将成为一种难堪，而且在他们将要失去自己名誉的同时也未能得到幸福。

唉，朱丽，情感太过敏感丰富了，性情太过温柔了，她已然受了最痛苦的诅咒，而没有获得最美好的祝福，那么，苦恼和失望是其必然的结果。空气的温度，季节的变换，太阳的光辉，雾的浓度，这许多的东西，对于不幸的人来说，都是其生命的原动力，而他不过是它们主宰者的玩物罢了；他的思想，他的满足，他的幸福，都不过是随风飘荡罢了。偏见支配着他，热情迷惑着他，却发现心中的情感不断地与头脑中的原理相左。假如他偶然的行为恰巧与正义的正常法则相符，他就想以他的标准创立真理，丝毫不考虑利益和便利，决然要成为他所谓的正直公理的殉道者，那么全世界或将联合起来，对他痛心疾呼，围追堵截，视他为公敌。他虽愿探求至高的幸福，但不考虑他天生的弱点，如果稍加考虑，他的性情和他的理性，将能使他拥有终生的幸福，然而毫无节制的观念和欲望，已预示着他的失败和失望。

如果放任自己以轻蔑自我来获得发展，则其危险性和破坏性，要比任何的弱点都大。真正的爱能够使灵魂贬低吗？不！因爱而产生的任何罪恶，永远都不会影响你崇拜真理和名誉的热忱，所以爱能将你提高，超越你自身。

真正的爱，是一切人类关系中最纯洁的，而爱的神圣火焰也会使我们洁净，纠正我们的自然倾向，使我们集中于一个目标。唯有爱，才能使我们抵抗诱惑，使我们不关心其他男女，而只关心被爱的这个人。对一个妇女漠不关心，这在每个男人都是一样的，而全体男人对她而言，如果她的心确实很容易为纯洁的热情所打动，那么，世界上除她的爱人以外，就不会有别的男人了。我在说什么呀？一个爱人会比任意一个男人有更多的东西吗？他是一个极出色的人物，尽管这世间真正爱她的男人并不止一个，只是她的爱人爱她较深，而其他一切的人爱她比较少罢了，他们共同生活，彼此眼中再也没有他人。他们没有什么欲望，他们只是相爱。内心不被外物引诱，内心去引导感官，并将他们以往的过错丢弃，在舒适的气氛之中欢乐。只有邪淫和猥亵的言语才是可耻的事。真正的爱，常是谦逊的，它并不用可耻的手段去追求它的爱，而是小心翼翼地，在不知不觉间俘获了它们。它用它的光焰使一切抚爱得到净化。

我们能使自己真正所具有的德行让虚伪的诽谤轻易夺去吗？一个醉汉的侮蔑能证明这些侮蔑就是理所当然的吗？或是一个高贵而谨慎的人，他的荣誉需要强壮而野蛮的人的怜悯吗？你能否告诉我：两个人的决斗可以表彰一个人的勇敢，并且这表彰还足以掩盖他的其他罪行，避免其受到谴责，并将其他一切的罪恶与此次表彰相抵消吗？我要问你：有哪种荣誉可与这一说法相适应呢？或是用什么论据去断定它？依此类推，如果一个恶棍想阻止加在他身上的恶名，他只用争斗的方法即可；说谎者只需用刀刃，就能维护自己的许多断语，它们也就可以变成真理；再或者，甚至你被控杀人，你只要再杀了第二个人，就可以去证明这控告是假的。所以，道德、罪恶、荣誉、真理和谎言，它们存在的渊源，是在二人决斗后，表彰斗赢的人而来。除破坏以外没有法律，除谋杀以外没有论证：对那些诬蔑者的罪过的惩罚，只是杀害他们，对每种过失一律要用犯罪者或被害者的血去洗净。如果虎狼本身有理智，难道它们所运用的各种格言，会比上述这些更不人道吗？

那么，请注意，不要把荣誉这个圣洁的名字和野蛮的偏见混为一谈，在野蛮的偏见下，每种德行不得不被刀剑所慑服而归服于它的论判下，为了与之适应，只会使人们敢于成为匪徒。你难道没看见：为羞耻心和荣誉感所阻止不了的罪行，却在一种虚伪的羞耻和惧怕受谴责的心理的遮掩下而倍增吗？就是这惧怕，使人们敢于做匪棍和骗子；就是这惧怕，使他们只为着一句本该被忘记的不审慎的话，或一个应受的但过于严厉的谴责，而使他们的双手在血泊中，浸满了朋友的血；就是这惧怕，使那受虐待而唯唯诺诺的女仆成为一个凶猛的泼妇。

你是否知道，任何的罪行是等于任意的谋杀吗？如果人道是一切德行的基础，而人的嗜杀性和堕落的习性会教唆他，只有得到同类的生命才能满足，那么，人类的这种思想是从何而来的呢？

一个人如果拒绝去决斗，为何会受到他人的藐视？尽管他确实没有去决斗，但他人的藐视是最让人感到恐惧的，以及其他的人如果这么做，大家都会拍手称好，为何我们自己这么做，大家都会怒目而视了呢？一个人，如果对他自己具有足够的信心，就不会怀疑其他的人会将不正当的谴责加在他身上，他所怕的只是本应他承受的谴责。公正和德行的依据，并不在于世界的舆论，而仅在于事物的性质，因此，你不当的行动就算被全人类赞许，但行动本身并不会因此而减少羞愧。所以，如果只是为了博得他人的赞许，这种行为是虚伪的，假如你出于一种善良的动机去阻止这行为的产生，反而会觉得自己是可耻的。善良的人，他不怕在生活中承担谴责，他永远都不会在懦弱中徘徊，他不会让他的双手沾染鲜血，且像这类的拒绝只会让人们对他产生更多的敬意。他时常准备着去为国家服务，去保护弱者；遇到危险的场合，他敢于承担起他的责任，去拼命保卫一切正直的、合理的理由，只要他认为是值得的，他就会全力以赴，任何理由都动摇不了他的决心，他的精神不会屈服在任何事物之下，这精神是离不开大无畏的勇气的。鼓舞他的只是纯朴的善心，使他表现出勇敢的精神，既不逃避他的敌人，也不会将其赶尽杀绝。这是显而易见的：他并不惧怕死亡，只是怕去干那些卑鄙的勾当；他怕犯罪，但不怕涉险。因此无论何时，如果世上卑劣的偏见胆敢对他发起进攻，那么他整个的日常表现便是他行动的最好的诠释，并且他的每种行动都可用他的其他行为去证明，它们都是那样正当，都一律是没什么可谴责的。

对于勇敢的作用，我只在合法的场合表现，当并不需要它时，我就不打算做这无谓的炫耀，正如有求于它时，我生怕没有准备其作用。有些懦弱的人，为了给他们今后的岁月找到避免冒险的借口，就迫使自己去做一次努力，努力地去表现他们的勇敢。大无畏的勇敢是比较有耐力的，它并不是一时的激动，当应该表现勇敢时，它就常常会表现勇敢精神，既不需刺激，亦不需抑制，真正宽宏大量的人，他身上时常具备的就是勇敢，在斗争时，它将帮助他打击敌人；在集会中，它对逸言和谎语予以有力回击；在病床上，它对因痛苦的袭击和死亡带来的恐怖进行抗击。刚毅，足以激发出勇气，所以经常被使用；德行对它来说，是至高无上的，它本身不存在于勇敢的冒险中，而是在对危险的无所畏惧中成长的。

但凡冒险的勇敢都是野蛮的、夸张的和残忍的，如果任由勇敢去冒险，那就等于胆怯，而那些把自己置于不必要的冒险中的人，我也非常藐视，这如同我藐视那些转过身不去对付他所该敌对的人一样。

这一切，再加上残酷本来为我所嫌忌，所以决斗使我感到极其恐怖。因此我以为，如果要说什么使人类可能坠落到最低级的残忍，决斗可以算一例。我对那些乐于决斗的人们抱着轻视的态度，因为他们的行为丝毫不亚于野兽之间的互相吞噬，两败俱伤，如果他们稍微还具有一些人道的话，我想，与谋杀者相比，被杀害者会更不被人同情吧。

如果以现在来判断过去，那么我们所尊敬的东西，只是从真正可敬的祖先那儿传下的，这样的话，该有多少大家族会再被人们遗忘在角落？只有少数诚实的公民，其获得荣耀的方法是高尚的，但是每天却有千百恶棍，他们设法扩充自己和家庭的荣耀。然而，为什么一些人侍奉贵族，而他们后裔的态度却是那样的骄纵，这难道是为了证明他们的祖先是不公且卑鄙的吗？我必须承认：在大众之中，有许多坏人；但更怪异的事是：邪恶的人攻击善良的人，而且常常是二十与一的比例，而这还是从一个恶棍传下来的。

那么，你所坚持的那种贵族的荣誉，它到底存在于什么东西之中？一个国家的荣耀和人类的善良是如何被它影响的呢？它实质上是自由和法律的一个死敌，国家滋生了它的大部分，但它除了暴虐的威力和压迫民众之外，还会有什么用呢？

如果每个人都倾向于那种最有利于他自己和社会的态度，那么正义和合适的事物都会出现。这两种可喜心理，彼此的有益结合，无疑是出于自然之手。在和平而快乐的结合中，他们自由地运用他们的才能，发展他们的德行，他们的这种模范所产生的光辉，也许使世界变得更光明。那么，为什么自然的永恒方向，在谬误的偏见下会偏离？为什么有思想力的生物的和谐也将被它损坏？为什么一位苛刻的父亲的虚荣是那样地无法满足，以至于他那柔软心肠，足以去劝慰他人痛楚，都会被损伤了呢？婚姻的约束不是被称为最自由的，就像一切契约那样是最神圣的吗？是的，无论何种法律对它们予以约束都是不公正的。做父亲的，不管是擅自形成它们，还是破坏它们，都无疑是一位专制的魔王。婚姻带来的纯正而神圣的约束都是自然的，它既不属于至尊的权力，也不属于父权，而只属于父母那般的权力，他们也有权力管束我们的心，且这种管束要与他们对自身的管理相结合，使他们同时能够互相发生爱意。

自然的便利若因意见的便利而牺牲，结局会是怎样的呢？有时一些联姻，会使社会等级和财产的差异消失，但是在这里，任何平等都应该是婚姻状况的快乐平等。可是，个人和素质的差异总不会消失，所以便会发生不必要的痛苦。儿童，是一种行为上毫无规则，而仅凭爱恋的热情，所以时常会有不好的选择力；可是如果一位父亲，除了世界的意见之外，没有教给他其他的规则的话，只会使他的选择力变得更恶劣。一个女儿，为了养成做人的方针和审慎的准确判断，也许需要知识和经验；如果是一个善良的父亲，在这种场合下，毋庸置疑，对女儿应给予忠告。他有权利，甚至是他的义务，对女儿这样说："我的孩子，这个人是诚实之人，那个人是个恶汉。这位是一位有理解力的人，那位是一个愚蠢的人。"作为父亲，所下的判断应该至此为止，剩下的部分应留给女儿，让她自己去判断。那些专制魔王们，痛心疾首地告诫人们，以上这些格言足以扰乱社会的优良秩序。其实，他们自己才正是最能扰乱秩序的。人们的等级应按照他们的劳动来排列；让他们的心都连在一起，彼此能选择更多的对象，这才是一个优良秩序的社会所需要的。那些主张人们的等级应按门第和财富来区分的人，才是真正扰乱社会秩序的人；大众应将他们唾弃，或视他们为社会的公敌一般，给予他们惩罚。

正义是用来补救上述所提的谬误的，自己主动去反对暴力，并巩固社会的联系，这是每个人的义务。

如果爱并不占优势，那么选择时，只有谨慎可予以指导；但如果热情占上风，那是自然早就决定好了的。自然法是那样神圣，以至于人人都不能去触犯它，或是触犯了而能免受惩责；同时，不管以何种适当的理由为借口，阶级也好，财富也罢，也都不能废除它，因为我们不能使人类遭受罪罚和不幸。

说到这里，我自己极乐意对你诉说两件事：要怀抱高贵的德行，要常念朱丽。

那些你教我的诡异的论辩，是我不愿意去用的，关于它们的论著虽然如此之多，但依旧永远不能使人德行高尚，不如与那些忧郁的争论者和好吧！眼看这些愉悦如此勾人心魂，便觉得他们的心和异国人没什么两样！我的朋友，离开那些无聊的道德家，去和你自己的内心商讨吧。在那里，圣洁之火时常闪出光芒，它时常激励我们，以此使我们拥有最崇高的德行。在那里，你将看到什么是到真正的永久的美，我们需要用圣洁的热忱才能沉思于这美中；尽管这种美也许会被各种"热情"持续地玷污，但它是永远不能被涂抹掉的。你知不知道，在财富与德行中，最让人喜爱的是哪一种？试想翻阅历史时，我们最感兴趣的事迹是什么？你从没贪慕过克利萨斯（Croesus）的财富，凯撒（Caesar）的尊贵，尼罗（Nero）的权力，也从没贪慕过赫利欧加巴拉斯（Heliogabalus）的快乐。因为你如果真觉得他们是快乐的，为何不憧憬着把自己也置于和他们相同的情景之中呢？他们的确并不快乐，你也理解他们是不快乐的，你理解他们是卑陋的，是可轻视的；你同样理解一个坏人，他虽然运气上佳，但并不是可以羡慕的对象。那么，你要用最大的企盼来向往哪一种的性格呢？你最仰慕的是哪种榜样呢？你最喜欢模仿的是哪一种风格呢？德行是不朽的，它的美丽是无法言说的，它被认为是有罪的雅典人在饮鸩止渴罢了；它可以使布鲁塔斯为国捐躯，它可以使累求拉斯（Regulus）在苦难中挣扎，它可以使凯托（Cato）以利剑刺向自己的胸膛。他们是不幸的英雄，但他们的德行曾令你激动，让你羡慕，而你自己的感觉也能说明，他们的命运表面上看起来似乎充满不幸，但在此厄运之下，他们却享受到了一种真正的快乐。全人类都有这种感觉，无论他们怎样，这都是人之常情吧，何况那德行的神圣的影像，已在人们的心灵中生根发芽了。即使对最无德行的人来说，它也展现了不容抵抗的、动人的魅力。还没等到热情允许我们去沉思它的美，我们已经向往着要和它一样；同样，即便是人类中最恶的人，只要他们能够改变自己，那么他必定会毫不犹豫地选择做一个有德行的人。

虽然，并不一定希望你尝试凯托或累求拉斯所经历的苦难，但每个人对他的国家应该心怀一种热爱，并应坚守他的诺言不被侵犯，甚至需要他为之付出生命时，也在所不惜。私德常是更为崇高的，尽管它们得到社会的赞美较少，和社会的关系也不紧密，但它们所产生的影响在于，它们是一种善的良心的凭证，如果把这凭证给予有德行的人，那么与群众的最高声的喝彩相比，前者会使他们具有一种更充实的满足感。因此，你可以了解真正的伟大并不限于生命的某一阶段，而且一个人，如果他重视的对象不是他自己，他便得不到快乐。

我相信，孤立是给人带不来任何好处的。人类如果想运用最伟大的力量，就必须将彼此的心智联合起来；联合的力量就是同舟共济，就能众志成城，它正好像人造的磁铁，它的力量便是这些磁铁同时使用所产生的力量，因此，其力量要比他们一一相加的力量的总和更伟大。联合所带来的成就，便是拥有了如同天国般的友谊。但友谊的本身是什么，那些最完全、最和谐的友爱的联结，才是心的完全结合。与此相比，这种心智的结合，可以说是经过了心的一百次更神圣的、更紧密的结合。有些人的观念和他们的嗜欲一样贪婪，他们所表现出的爱的热情如同热血中的一次狂欢，好像是残忍的本能的结果，而这些人在哪里呢？

进入这广大的沙漠——人世间，我觉得内心既隐秘又恐怖：它的混乱现象，在我看来，好像和孤独、寂静的景色一样可怕。我的灵魂想努力挣脱约束——为它早已安排好的普遍约束，然而总是徒劳的。有人说，一个被人所颂扬的先祖曾说，他一个人独处时，体会到了从来没有过的孤独。我的意思是：我永远不曾感到孤独，除了与杂乱的群众为伍时，是和群众，而并不是和你，也不是和其他任何人在一起时。我心里想说，可是感觉没有人会听，也准备随时解答什么问题，可是同样，有关这问题的任何一点都没有人提及。我不了解这个国家的语言，而在这里，我的言语同样也没有人能了解。

他们谈论的每一件事，每个人都有话可说，他们怕厌烦，所以对任何事都从不刨根问底，通常只是以轻率的态度提问，并对它们迅速地议论着，没有人会恶毒地攻击他人的意见，也没有人去顽强地维护他自己的意见，他们是本着求改进的意愿来讨论的，但在这个论题快要引起争辩以前，讨论就自动停止了：每个人都改进了，每个人都感到此次讨论是令人愉快的，于是彼此都带着满意散开，甚至哲学家也觉得从中能带走一些有价值的、他自己的沉思。

但是，难道你不想知道哪种知识可从这样快意的谈话中得到吗？养成正确判断生活和态度的习惯吧，去合理利用社会资源吧，至少去认识一下和我们谈话的那些人吧；朱丽，他们就没有这一切，他们所说教的一切，无非是为自己的虚伪而花言巧语地辩护，用他们所谓的哲学，将德行的一切原理歪曲，通过诡辩，给人类的热情和偏见涂上一层虚伪的色彩，且对某些过失视而不见，并赞同流行的思想方式。这种谈话是不需要知道人们的性格的，只需知道他们的兴趣，至于他们在任何场合时的情绪则全凭猜测。不管论及什么问题，每个人宁愿表达他对时尚的看法或他的团体的意见，也不去表达他自己；一旦时过境迁，他又常常改变他的意见。其实，这种人提出的见解并不是他们自己的，而是他们想要灌输给他人的，他们所鼓舞起的热心，也不过是借兴趣之名罢了。

但也许你会想：这些人在他们孤居独处时，至少应该具有他们自己的个性和意见吧。不，绝不是这样的，他们好像只是一个个机器而已，永远不会为自己去思考，如同装有发条才能走动的机器一般。

由于每个人只考虑他自己的、特殊的利益，而公众的利益没有人去考虑，且因每个人的利益常常是不一致甚至相反的，所以社会的或朋党的永久的冲突，就容易发生在他们之间，各种成见和相左的意见，也就此起彼伏，循环往复。每个团体有它自己的规则，自己的意见和自己的原理，但这些换作其他任何地方，都是无法适用的。好比一个人，在这一家庭中是一位诚实人，而在仅一门之隔的另一个家庭中便成为一个恶汉。善、恶、美、丑、真理、甚至德行的本身，一切存在都是有限制的，都是含有地方性的。这些就是我对大社会的认识。

法兰西人，我并不想特别批评。因为，如果只能用各民族的差异去决定它们的特质，那么，像我这样对任何其他民族都了解不多的人，如何能够得知这一民族的特质呢？此外，当驻留在大都会，本可以容我观察的时候，而对其竟漠不关心，这是极不应该的。我并非不知道：在民族特质方面，个人的差异很大，而各首都彼此间的差异要少得多；不过，人民所具有的民族特质，大致也消失和混杂在各都会里了，加上宫廷的影响，又因为人口稠密，人们的社会生活联系紧密，导致人们之间彼此都十分相似；在这样的社会里，无论在什么地方，所有的人们几乎完全相同，且超出了各个国家原始的和特殊的特质。

我如果要研究一个民族的特点，一定会把较偏远省份的特点补充进来并加以说明，因为那里的居民，他们仍然浸染着自然的习性。我一定缓慢地经过这些省份中的几个，尤其是彼此间间隔最远的那些省份，留意他们的特点。这样一来，我可以通过观察他们而找到彼此的不同之处，每一省份的特殊风气，我一定可以寻觅到；通过他们所具有的一般风气，而其他国家不常有的风气，我一定可以找到这一民族的、共同的特殊风气，并且从各民族所共有的特殊风气中，论及人类的共同特性，对我而言，也并非难事。

对一个民族私人生活的研究，而且是多数以上的常例研究，是了解他们真正感情的唯一途径；因为如果你的观察只限于那些在不同场合扮演不同性格的人们，那研究便如同在观察一队喜剧演员如何表演罢了。

大都会是如此的富庶，而穷苦的人们又是如此的可怜，原因究竟是什么？这个问题，极有价值。不过，这是和你谈论的那些人解答不出的。到富人金碧辉煌的大厦里，去学习风靡一时的举止，那是新入教者的行为；而学识和经验都丰富的人，却在穷人的草舍中寻找答案。这些地方，所发现的那些恶毒的勾当，在斯文人的圈子里找不到，因为它们被隐藏在似是而非的文饰之下，甚至可以化为乌有。这些地方，一个人可以通过卑劣而秘密的手段，学着富人和有权力的人们的样子，将被压迫者小片的黑面包都据为己有，但在公众面前，他们对被压迫者则装出一副怜悯的嘴脸。在圣·日耳曼（St. Germain）市郊，被孤寂所吞没的五层楼的顶楼，在广漠的沉寂中，你将学会许多事。你将会发现，许多文雅的人对人道的假意夸大，如果在场的一切不幸的人们都反对他们的话，他们定会惊讶得无话可说。

我知道，那不会产生任何结果，只有悲悯到使人感觉不快的悲惨景象；我也知道，对于不幸的对象，尽管富人拒绝去救济他们，但至少对他们的目光也会回避。金钱并不是不幸的人唯一需要的东西；他们只是对工作有所懈怠，只要他们手里有钱，他们便会全力以赴地工作。安慰、忠告、友谊、保护，救助方法是多种多样的，慈悲心也向那些并不富裕的人指出，用这些方法去救济穷人吧。被压迫者通常只需要一副口舌，就可以吐露出他们内心的悲哀。但是，被压迫者常常需要的是他们难以说出的那些字，是他们所不能获得的社会权利。德行的大公无私和勇敢，或许可以消除无穷的障碍；忠贞、廉洁、正直的人的雄辩，甚至可使专制魔王在他警备森严的宫殿之中，都感到胆战心惊。

如果你想自己今后的行动合乎做人的标准，请你再学着忍辱负重吧。人道，像一条湍急的溪流奔泻而下，当它离开那些不毛的岩块，使它们因无水而变得干燥时，岩块令人恐惧地向它投了一个可怕的暗影，或是继续奔流向前，致使平原遭受毁灭时，而它却让这贫瘠的山谷变得肥沃。

真正的爱情，一如德行，也具有这样的优点：我们对它所做的每种牺牲都能获得回报；我们在某种程度上，享受着我们所给予自己的，仅有的丁点儿乐趣，那就是耗费我们心神的那种观念，以及在这一观念中，曾诱导我们的动机。

除此之外，如果爱情真能使人的心体验到最快乐的感觉，那么，有关它的一切事物都应值得延长和固定，即使付出的代价是千百次的苦恼，我们仍觉得幸福。如果爱情是一种欲望，越遭受挫折而欲望越增加，那它就永远不应该被满足；无论如何，保存爱情总比让它毁于快乐要好些。

毁灭的爱情观，比不幸的爱情观，对于一颗柔弱的心来说，感觉更可怕；如果我们对所拥有的东西产生了厌恶之情，那么，与已失去的东西的悔恨之情相比，后果要坏一百倍。

我只求高坐在天上的上帝，他之所以快乐是因为他所赋予我们的自由意志，我们可以通过自己的力量去维护或破坏。我说，我热切拥抱着那呈献品，只有你是这善的创造者。我要有信仰，因为它的主要义务是联合私人家庭和一般社会。我要纯洁，因为那是培养其他一切的基本德行。凡是为你所建立的自然秩序中的每一事物，我都要固守，凡是我从你那里获得的理智的命令，我也都要固守。我将我的心托付给你保护，并将我的欲望托付给你指导。使我的一般行动都能够与我坚定的意志吻合，当然，这意志永远是你的，而且我已坚决选定的生活，永远不再允许有片刻的过失凌驾于其上。

这短短的祈祷完毕后，我清楚地认识到：今后用以战胜我的癖好的那种力量，向何处求助，尽管这些癖好不是来自本身。宗教一直伴随我左右，不过，我若具有完整的宗教观念或许更好，当然它不是只具外表的和机械的观念，因为这种宗教观念，是违背良心的，是不会关注内心的，它只限于一些形式，要在一定的几点钟内去信仰上帝，在我生活中的其余时间，则无须去理会他。

我那可贵的、谨慎的朋友啊，崇尚"至尊的实有"吧：只要你还存有一丝气息，便能将那所谓的理智的幻想消灭，这些幻想披着华丽的外衣，如同海市蜃楼，在不可更改的真理面前，好像无数的阴影一样在逃避。只有"至尊的实有"，才是切实存在的东西，除此之外别无他物。它是自我存在的，它引导正义的走向，奠定德行的基础；对那些在它的意志教导之下，认真过活的短暂生命予以奖赏；它高声对罪人宣告，他们秘密的罪行已被查获；它对在幽远僻静角落中的正义者给予信念，使他们相信他们的德行是有据可循的；那些至善的因子是它永远不会改变的本质，它附着在我们每一个人的内心。如果我们的热情要去破坏它，会无功而返，它的各种形迹是紧密跟随在"无穷的实有"之后的，这些形迹时刻在我们的理智面前出现，并时常将那为过失和欺骗所误导的理智重建。这些特点，在我看来，是极其自然的，我们的常识就足以将它们指出来。那些我们无法从神圣的、本质的观念中分离出来的事物，就是神，剩下的一切就是人们的工作。要去默念、沉思这神圣的因子，只有善良才能使灵魂变得玲珑和高贵，才能使它学会去藐视低级的欲望，并去克服卑鄙的癖好。心中装着这些伟大的真理，才可将人性中卑鄙的热情战胜；无穷的、广大的善念如果克服了人类骄傲的心理，沉思的愉快就会把他从卑劣的欲望中拯救出来；如果本应占据他思想的广大的"实有"不曾存在，那么在这些沉思中运用他的心智，应该还是有用的，这足以使他自己能更自立，更有力量，更深思熟虑和快乐。

你是因为那自我满足的理由，那只由着这力量的理由，而成为那些无用的、诡辩的特例吗？让我们考察那些哲学家，看他们这些卓越的辩护者是如何替罪行辩护的吧。一个人能否下这样的判断：最神圣、最庄严的一切契约遭受到直接的打击，而在这一击之后，整个人类社会（建立在对义务的信仰的基础上）都被消灭了，怎么来论争这些危险的争辩呢？我们还是来看一下，对于秘密的通奸，他们是怎样来辩解的。他们说，这是因为并没有危害他们才去通奸的，以至于不知道他们的这个过失，对她的丈夫也是没有害的吗？但他们是否能如此说，这给他带来的实际损害要他永远不要知道吗？难道他们没有做实质危害他人的事，这种伪誓和不贞就足以被认可吗？难道罪人对他们自己造成的危害，不足以造成人们对犯罪的憎恶吗？难道我们充满谎言的话语，极尽破坏誓言和最神圣的契约之能事，不算是罪行吗？难道大家结群结党地去期望不幸的灾难，去期望他人的死，不算是罪行吗？甚至，我们知道应该爱他甚于爱其他的人，因为我们已经和他誓同生死，但期望他的死，不算是罪行吗？难道这种期望本身，它会导致千百种的必然罪恶，不算是罪行吗？甚至善的本身，如果伴随着这么多的危害，只要它有这些理由，那它也就该是一种罪恶。

婚姻应当是纯洁无瑕的，这不仅关乎夫妻的利益，也关乎人类的公共幸福。从某种程度上说，公众给予婚约以保证，因为新人缔结婚约时，他们是见证人。我们还可以斗胆地说，一位妇人的贞节荣誉，是有权要求一切善良而卓越的人们予以特殊保护的。所以，不管是谁，凡是敢于诱惑她的，就是犯罪。首先，他是在引诱她去犯罪，不管任何人，凡是怂恿他人犯罪的，就是共谋犯；第二，他自身直接犯罪，即婚约公共而神圣的信仰被他破坏了，失去这信仰，社会的秩序和规律是无以为继的。

他们说，通奸罪行是秘密的，因此它不会危害到任何人。如果上帝的存在和灵魂的不朽是这些哲学家所相信的，他们还能说那个极大冒犯"实有"，且被唯一公正的判断者证明了的罪行是秘密的吗？……即使他们否认上帝是无所不在的，但他们怎么就敢断言，这个罪行不至于危害他人呢？他们怎么能证明，一位父亲去教育和他毫无血统的人，是一件可做可不做的事呢？他所受的孩子的牵累，或许要被比他所应受的要更多，并且他因为要实践那些不体面的誓约，不得不去分配他的财产，而他对于他们，并没有从中感到一个当父亲的慈爱和那种自然的情绪，这都是可有可无的事吗？如果我们假定，这些哲学家都是唯物主义者，那么，用自然的一般法则去反对他们的理论，我立场更坚定。这种法则需要每个人用真心去反驳空洞的哲学说教。总之，如果思想只能从身体方面产生，而情感都出自于感官的话，那么，在两个身上流着相同血液的生命之间，不就是一种严格的类似体吗？他们相互间的结合不将更强烈吗？

　　因此，依照你的意见，血统因通奸而混杂不纯，以此去破坏这自然的结合，去破坏别人之间互爱的基础——它必将一个家庭的所有成员结为一体——难道这也没有造成危害吗？当想到一个保姆把两个婴儿互相偷换时，谁能不战栗、不恐惧呢？在婴儿生育以前就做了这偷换的事，难道其罪行属于更轻的吗？

　　倘若说，那些因通奸和不贞行为产下的孩子，和这个家庭的其他成员共同组成了一个假冒的大家庭，还不能被认为是相当有危害的，那么，说它们是荒谬而野蛮的笑柄，倒更见得贴切，但这笑柄所应受的"礼遇"，也不过是嫌弃和愤怒罢了。叛逆、争端、战争和谋杀（破坏秩序者带来的这些危害，在各个时代都扰乱着社会），都是它们所带来的危害的充分证据，也足以说明，想让这些因罪行而产生的后代，去推进人类的联合与和平，是多么遥不可及的事。不管何种社会制度，如果出自这恶劣而卑污的结合，也许无异于引狼入室，为了维持合法社会的安宁，必须将其破除。

　　每个人，与生俱来都有一种权利，那是自然赋予他的，即去追求他认为善的，远离他认为恶的。这无论从哪方面来看，都不会对他人造成危害。所以，当我们觉得生活困苦不堪，对他人又没有好处时，我们可以不必太在意我们的存在。

　　关于这个论题，哲学家们是怎样探讨的，让我们一探究竟。他们认为，生命是不属于我们自己的一些东西，我们拥有生命就如同拥有一份礼品，但因为我们已被赋予生命，为着这理由，也可以说生命属于我自己。上帝不是给这些诡辩者也赐予两条臂膀吗？但是，当他们受"坏疽症（gangrene）"的侵袭而恐惧时，他们就会毫不犹豫地舍弃一臂，事实上，如果有必要的话，他们竟或会连两臂都不要的。

他们认为，人类对其赖以生存的世间具有义务，如同士兵对国家具有义务一样。他们说，上帝已让你来到这个世上，这是不能更改的，未经他允许，你怎能擅自离开这世界呢？对此，你也可以予以驳斥，诘问他们，你生长在这个城市，难道不是上帝的安排吗？那么未经他允许，你怎么能离开它呢？苦难本身，不就是一种充分的允许吗？我居住的任何地方，只要是上帝的旨意，不管是在一个团队里，还是在普通的大地上，我都愿意；如果他安排我生长的那个地方，同时也是我感到满意的地方，但当这个生长之地变得使我不能容忍时，他也会允许我离开。这就是自然的呼声，也是上帝的呼声。我也认可我们必须等候命令，但当我的死不是上帝的旨意，是自然的死时，他不过是要变换我的生活；只有当生活变得无法忍受时，他这才命令我离开它。在第一种情形里，我会拼尽全力去和死亡抵抗；在第二种情形里，我认为我的荣誉就是服从命令。

把生活看得太重要，就会酿成大错，好像生活便是我们的全部存在，而死亡就是把我们的全部消灭一样。我们的生命，在上帝和理智的眼中都是不重要的。因此，即使在我们眼里，也不应该认为它极其重要，当我们要留下我们的躯壳时，我们不过是把一个不方便的习惯留下罢了。

同穿一条裤子的诡辩家们提出一个问题，"生活是否永远是个罪恶？"确实，生活中会出现许多过失和苦恼，也充塞着大大小小的罪恶，但想到它们时，你心里或许也会产生另一个疑问：生活中难道没有幸福的事吗？然而，罪恶继续围攻着最有德行的人们。他们生活的每一个瞬间，都处于危险的境地中，不是被恶人所残害，就是迫使自己也变成恶人，争斗和耐苦，是他在这个世上既定的命运，而恶人的使命就是制造罪恶和忍受苦难。具有智慧的人，如果可以容我表达的话，他一生的主要任务，除了使他自己神志清醒，努力生活，以及避开感官的诱惑外，还有什么呢？智慧指示我们，免于人性苦恼的唯一途径就是放弃尘世间的一切，它难道不是要我们自己离开吗？对我们的生活中的种种卑劣事物，难道不应离开吗？它难道不是要我们缄默无言，要我们高举我们的思想，达到沉思的崇高境界吗？因此，如果我们的热情和过失造成了我们的不幸，那么，如果有一种境界，足以把我们从热情和过失中解救出来，对这种境界，我们的盼望之情该是怎样的热切啊！

但大家普遍认为，人类，在进入这个世界时，愁容满面，内心忧郁，一步三回头，但这是善良的开端，我并不是在暗示什么。人类的种族，在毁灭自己，使世界成为一个大坟墓时，应该征得普遍的同意。当我们觉得生命令人愉悦时，就热忱地希望它可以变得更长，而当我们觉得生命带给我们的是极端的苦恼时，我们就萌发自毁的念想；因为，我们认定死亡是极其恐怖的，由于这种恐惧的心理，我们就在自己生命活动的范围内，将人性的苦恼掩盖。在我们下决心去结束生命以前，我们在生活中历经的痛苦和悲惨，已经有很长一段时间了；假如，生活一旦变得让人无法忍受，以至于胜过对死的恐惧时，那么显而易见，生存便是一个极大的罪恶，但是，我们也不能即刻使自己从生存中得到解脱。因此，我们虽不能十分肯定，生活到达哪一步就不再幸福了，但我们至少可以确定地说，当生活到达这种地步以前，它早已是罪恶的了，而每个具有真知灼见的人，在被诱惑为作恶之前，大多数已将解脱生活的权利握在手中。

此说还不完全。他们本已否认生活可能是一种罪恶，但为了剥夺我们毁灭自己的权利，他们就立刻宣称：生活是一种罪恶，并指责我们维护生活的勇气不够。按照他们的说法，我们因为苦痛和烦恼，就甘于自我毁灭，是怯懦的表现，而将他们自己毁灭的人，只是懦夫罢了。

啊，罗马啊！在这个世间，你是得胜的女王，但一个相当懦弱的种族，却产生在你的帝国！布鲁塔斯、卡喜阿斯（Cassius）和你，伟大而神圣的凯托！那些卑贱的雄辩家们企图要永远证明，说你们都是懦夫，因为你们宁愿死亡，而不愿苟且偷生！

毋庸置疑，对于我们无法逃避的苦恼，能够做到隐忍，这确实证明了一种大无畏的精神，然而，对那些我们可能没有的罪行，那些我们可以免去的罪罚，自愿忍耐，承受不必要的痛苦，就是愚懦者的行为了。凡是通过忍耐的方法，而自认为把自己从苦恼的现实中解救出来的人，正像宁愿受创伤的煎熬，宁愿错过生机，也不愿信任外科医生能用刀治疗的人一样。

为什么我们允许自己去治疗病痛症，但为何不去避免生活的苦恼呢？这两种罪恶的性质不都是一样的吗？因此，它们看如何解释：用药剂治疗暂时的疾病是正当的，用一死把我们自己从无法摆脱的罪恶里解脱出来，是不是和它一样正当？我们如果观察周围的事物，就会知道，这两种场合都是把我们从痛苦的感觉中解救出来了；我们如果探讨二者的方法，它们都是一样自然的；如果顾虑到上帝的意志，我们可以这样发问：那些不是他所创造的任何罪恶，我们能和它们斗争吗？那些不是他降于人间的任何困苦，我们能从中解救自己吗？我们可以限制他的权力吗？限制的界限是什么？什么时候去抵抗他的权力才是合法的？由于每种事物都在他的安排之下，那么，我们岂不是生来就无法改变事物的性质吗？为了怕触犯法律，我们一生，都必须终始无所事事；

或者，假设我们愿意，我们就有权力去破坏它们吗？不，人类的使命，比这更伟大、更高贵。上帝并没有给他生命，是他自己要求保留他怠惰的生命，使其处于永恒不活动的状态中，至于活动的自由，判断的良心，和选择什么是善的理智，则是他自己赋予自己的。唯一判断他一切活动的准则他已建立。他将这一准则铭刻在心中："你所认为对你自己有好处的任何事情，你都可以去做，但是你不能因此而危害任何人。"如果我的感觉告诉我，死于我而言是适宜的，我反而会下定决心违抗他的命令，继续生活，因为当他要取走我的生命时，是要使我感觉死是必要的而非适宜的。

依照你的想法，你有权利去终结你的生命。你的证据是极简单的，你说："因为我想死，所以我去死，这是我的权利。"真的，这给了一切恶人一个极方便的说辞：对于你给予他们的此种便利，他们应该对你佩服得五体投地；按照你的论据，世间的每一种罪行，都可以以罪行的诱人为借口而宣告无罪的，且一旦热情迸发，湮没了对犯罪的恐惧，那么他们作恶的欲望，将被认为是一种权利了。

那么，你要结束你的生命，这是合法的吗？什么！你在这个世间没有什么可干事的吗？当上天赋予你生命，允诺你可以生存时，就没有给你某种工作或职业吗？如果夜幕降临前，白天的工作你已做完，你可以在一天的闲暇之余让自己放松一下，你确实有这么做的权利，但我们得看一看你的工作。此外，当至高的公断者需要你估计你的时间时，你准备怎么回答他？你这不幸的可怜人！请你指示我，是谁夸耀他活得已够久了，我便跟着他学，学他消磨光阴的态度，并能毫不在意地将生命解脱。

你说："罪恶是生活的本质。"但请你试着深入探究一下事物的秩序吧：任何不混杂罪恶的善，你是否能将其找到。但因此是否可说宇宙间根本没有善？事物自身的性质是罪恶的，还是事物的罪恶是偶然的，你能加以区分吗？你自己也已承认：人的短暂而被动的生活是无关紧要的，对于那些将烦扰立刻解脱的人，应表示敬意，但对他的天性起着最大作用的，应该是他主动的和精神的生活，这种生活存在于对自由意志的运用上。对于好运亨通的恶人，生活是一种罪恶；对于在苦难中磨炼的善人，生活是一种幸福。因为生活的善或恶不是由它的有原因的变化引起的，而是源于它和某种最后的对象的关系。

当你厌倦生活，你就会说："生活的本质是罪恶。"但你受到安慰，不管迟还是早，那时你将说："生活的本质是幸福。"你说的这些话包含着很多真理，虽然它们不是出自理智的思考之后；因为除了你自己，其他事物不会随意发生变化。那么，就从这一天开始转变吧，因为你的心灵能处理令你悲伤的一切罪恶，所以你要改正的是你不正当的情欲，而不是放火燃烧你的房屋，以免去你布置房屋的麻烦。

你说，"我忍受苦恼；那么我有权去免受这些苦吗？"你是可怜的人，你当然要将自己从苦恼中努力地解脱。为了这目标，让我们看看是否有必要死。……缄默、抑郁、悔恨和悲伤，它们只是短暂的罪恶，永远不能在心里生根。回忆经常将经历伪装成苦痛，它使我们感到我们的苦恼没有尽头。我要做得更进一步，我无法相信，我们所忍受的苦恼，比起那玷污我们的各种罪恶，在我们的天性里更为牢固。而我相信，苦恼将随同它们生长的躯壳一起毁灭，并且毫无疑义地认为，只有较长的生命，才有足够的时间去改造人类，我又想着，青年的许多经历，将会告诉我们，在这个世间，没有什么事物会比德行更值得人去坚守。

尽管如此，由于占我们最大部分的罪恶是物质的，且它还在不断地增加着，因此当躯壳的极端痛苦无可救药时，一个人对他自己破坏的决定就是合理的，因为他的一切感官，因遭受痛苦而变得错乱、抓狂，所以在他死亡以前，他已不是一个人了；因此，只有解脱躯壳了。因为这躯壳已成为他的烦累，他的灵魂已无法在这躯壳中寓居了，除此以外，再别无他法去结束他的痛苦。

但是，心灵上的悲痛就与此不同，它尽管让悲痛继续折磨，但它老是带着补救的办法。实际上，可以忍受任何罪恶的是什么？当然是罪恶的存在。因此，那些到了它们的寿限而自然死亡的烦恼，什么时候才能够有效地驱逐尽呢？那些使烦恼成为可以容忍的唯一情形什么时候出现呢？只有具有不屈不挠的忍耐精神，你才能得救。

啊！你将说，想到最后的悲痛马上要终结了，使我的悲痛反而加倍！这是空洞的诡辩！这些言辞缺少理智、公正，或许还缺少真诚。希望苦恼终结是何等荒谬的一种想法啊。且即使承认，使我们乐于受苦的是哀痛中的某种美丽，但当我们果真以死的方式，解救自己于痛苦中时，在死的那一刹那，为我们以后所恐惧的一切事情，不仍要面对吗？

青年人，彻底地反省吧，十年、二十年、三十年和不朽到底区别在哪儿？苦和乐的消逝，如同灯影一样！生命说走就走了，它本身是毫无价值可言的，它的价值全在我们如何运用它。我们所行的善是不会消逝的，它将完全地、永远地留在世间，也只有善，才体现了生命的重要意义。

你知道长官以及父亲要履行的义务，但由于你没有处在那些环境之下，所以你想你自己是绝对自由的。因此，你向来都不会对社会担负责任，但看看你的理想，你的能力，你的理解，你难道不该对它负责吗？你的祖国和那些需要你帮助的不幸者，你不该负责吗？你虽已想过了各种责任，但你还是忽略了做人和公民的责任。

你试图用历史上的先例努力为自己开脱，你肯定要拿罗马人说事儿！你告诉我，布鲁塔斯不是为了爱人而在悲怆中死去吗？凯托不是为了他的帝国而撕裂他的脏腑吗？你这懦弱而可鄙的人，你和凯托能相提并论吗？

如果你认为，对罗马人来说，他们之所以随意解脱自己的生命，是因为生命对他们来说，已变成一种负担了，这是你对罗马人多么自以为是的判断啊。当罗马灭亡时，罗马人解脱他们的生命是合法的，因为灭亡卸去了他们自己在世的义务，也没有什么邦国需要他的保卫。因此，他们的生命，是可以任由他们自己处置的，且他们还可以为自己争取此种自由，而不必为他们的祖国失去此种自由，他们的死，为罗马帝国赢得了荣光，因为，一个真正的公民屈身于一个篡夺者，这是更为可耻的景象，他们之中绝没有人曾见过。

但是你，你是何许人？你做过什么事？要知道，像你所认为的这种死，是可耻和僭越的。这种行为简直是对全人类盗窃的行为。

在你解脱你的生命之前，你从每个人那儿所获得的若干利益，都应奉还。但是，你说，我没有留恋，我在世间一无是处。啊，你，年轻的哲学家啊，你难道不知道在某些义务，未曾完成以前，你是不能离开一步的？你难道不明白任何人都是对社会有用的（即使他仅因他的存在）吗？

一个简单而和谐的家庭，带给人多么快乐而可爱的景象啊，在那里，都被秩序、和平和纯朴的气氛完完全全地笼罩着；在那里，没有夸耀或随从，在谋求人类真正的幸福方面，任何事物都做出了自己的贡献。

在这里，家庭不再是讲究外表的，而是为了便利；在这里，每种事物，都是称心而叫人愉悦的，它们都呼吸着一种满足而合理的空气，不夸耀外表，没有奢侈的装饰。它们已经以有用将享乐彻底地替代，而且从转换中都可获得一些享乐。

在这里，有一大块土地，他们非常辛勤地劳作着，除庭园里的仆人以外，他们还雇用了许多按日计资的工人，此种方法，不但可替多数人获得足以维持生计的快乐，而且也为他们自己带来便利。

给这些佣人付工钱就足够酬赏他们的勤劳吗？伏尔麦夫人（Mme de Wolmar）不这么认为；因此她觉得，对于替她帮忙的人，自己还可以为他们做更多的事。工人、家仆，凡是为她工作的一切人，只要经过一天，她就把他们看作自己的孩子。

在这里，如何选取家仆，被看作是关系重大的一件事。他们认为，二者的关系不仅仅是雇与被雇，对于佣工，他们只需订一纸合同的手续；但夫人把他们看作家庭的一分子，如果选择不当，也许会倾家荡产。第一，他们要求家仆一定要为人诚实；第二，要爱自己的主人；第三，服役时，要因着主人的爱好。他们会花几天时间去十分留意他们，并非常耐心地去教导他们，告诉他们应做什么，如何做。工作是这样简单，大家都是那么平等与和谐，主人和主妇又是那样友好，不会经常抱怨，也不会出尔反尔，仆人们立刻就对他们怀有好感。因此，他们很快就学会如何工作了。他们对处境非常满意，但他们也不会因为主人友好而偷懒，使自己看起来无精打采，懒散是一切罪恶的根源。

家仆承担他们的工作时，他最初只得到一般的工资，但工资是每年增加的，以第一年的二十分之一增加。所以，到第二十年的年底时，他们获得的工资是原工资的两倍以上。这是很好的方法，可以使仆人不断地留心自己的工作，也可以使自己获得人心，从而使大家更友好地相处。需要注意的是，这样的规定既需要谨慎还需要公正。

虽然仆人们吃饭，都坐在一张饭桌上，可是男人和妇女间的交谈并不多，对于这一点，他们认为非常重要。两性之间来往过于频繁的话，容易滋生事端。也就是说，他们认为两性间的接触过于频繁，会发生危险，那么，如何防范这种危险呢？他们并没有制定特定的规则，因为这些规则，也许会被他们阳奉阴违。所以，在看似不经意间，使他们养成了一些良好的习惯，这些习惯，要比规则更有阻止的力量。因此，他们不但不禁止男女之间的这些往来，反而计划着这些交往，使其达到这样一种效果，即：他们没有机会互相见面，也不想见面。成功的秘诀就是：使他们的职务，他们的习惯，以及他们的喜好完全不一样。朱丽认为：爱和夫妻的结合，不是源于两性间频繁的交往。依照她的想法，夫妻是被指派在一起生活的，但他们在生活中的态度并不相同。他们在活动中应该有所分工和合作，而不是做一样的工作。她说："在一起生活时，一个人认为快乐的事，可能另一个人觉得乏味，她委派给他们的职业，正如自然给予他们的爱好不同一样：他们感兴趣的娱乐不一样，所以他们的义务也不尽相同。总之，任何人，对于一样的善，都要从不同的方面对其做出贡献，专业和工作的恰当分配，将他们完美地结合在一起。"

每周的礼拜天，晚祷结束之后，妇女们会再次集会。她们在一起促膝谈心、唱歌、跑步，或是做一些依靠技巧的游戏。她们会准备好除酒之外的茶水，男子们是很难被许可参加这女性的集会的，他们永远不会在这茶会上露面。

这种娱乐，如果只限妇女，而不给男人同样正当的娱乐的话，是毫无意义的。在共和国家里，以道德和美善为原则，将公民们限于法则之中；但除强制和禁止以外，对家仆和佣工们，我们如何将他们纳入规则之中呢？一个主人的聪慧，应这样表现：将这种约束掩盖在快乐和兴趣之下。这样，就会使习惯于前往公共场所，和放荡的女子在一起厮混的人，会立刻觉得，这是对他们主人的失职，也不会为自己带来任何好处，由于她们谈论的都是形形色色的恶事，使他们觉得和自己的工作不匹配，并有辱他们的自由身份。

为消弭这种感觉，他们抵御那些诱惑人的外出，努力使自己留在家里。他们到外边去的原因是什么呢？不过是在公共场所喝酒和娱乐罢了。在家里，他们也可以喝和玩。不同的是：在家里喝酒他们分文不花，也不会喝得不省人事，在游戏时，总有几个胜利者，而没有任何失败者。

房子后面，有一块场地，花团锦簇，树木成荫。在那里，他们已经整理出好几处运动的场所。夏天，每隔一个礼拜的礼拜日，男子们都在那里集会，他们分成几个小团体游戏，不是为赌钱，因为这是严禁的，也不是为赌酒，酒已给他们准备好了，而是赠予他们一份奖品，体现了主人的宽厚。他们玩耍的游戏或运动不限于某一特殊的种类。他们变着花样玩，这样一来，擅长某一特殊运动的人，也许不能将所有的奖品囊括，而且由于各种运动的尝试，使他们更强壮、更机敏。竞赛的项目，有时是看谁最先到达竖在场地另一端的标记处，有时又是看谁将同一石块投得最远；再以后，是举起同样重的物品，看谁举得最久。在不知不觉间，这种风尚已演变成一种竞赛会，参与的演员，由于现场观众的鼓舞，宁愿博得喝彩和掌声的光荣，而不要奖品带来的好处。这些运动，使他们变得更活泼、更有力，也为他们自身获取较大的价值，且他们从中得知，用他们自身价值来评价他们是如此重要，所以他们对荣誉的重视远远胜于金钱。

在冬天，和他们的工作一样，他们的消遣也是多种多样的。礼拜天，所有的仆人，甚至还有邻居，不分男女，在工作之余，在一所大厅里会集，这里有温暖的火，有一些酒、水果、糕饼，还有一把风琴，按着它的节拍，他们在起舞。

据说，在仆人的眼中，人人都不是英雄，或许事实并非如此；但每个值得尊敬的人，都会受到他仆人的爱戴：这足以证明，英雄主义是空虚的幻象。除德行之外，没有任何事物是真实的。

不仅那些处于卑贱身份的人们，要有一种适当的服从，同样，那些地位相当的人们，也要和谐相处；家庭中，最小最困难的部分并不是经济。

谁都看到过这种景象：在一个家庭里，各个成员出于对家长的爱慕，而能同舟共济，就这一点而论，他们竟不曾感到任何困难。同一个父亲的孩子们，应该像同胞兄弟般生活在一起，这难道不是自然而然的事吗？这也是他们每天都要在教堂里告诫我们的，但我们不觉得这是多么了不起的事；而家仆们却在这家庭中感到这种和谐了，不过没有将其说出来而已。

善良的友谊能否保持，还在于家仆的适当选择。在他们的权力范围内，经过最审慎的思考，他们几乎用服务将这家人联结起来，正如他们和这家人被服务联结起来一样。主人让大家彼此互相服务，他们此举的目的是，务必使每个人都获得真正的利益，并让他的家仆们都真心爱上它。

财富并不意味着富有，这正如某一特例并不适用于所有的人一样。人真正的财富并不在于他的保险柜，而在于对它们的使用，即从保险柜中提取一部分去使用，我们的所有物，并不是真的为我们所有，除非我们将它们分派到各种用途中，且资财的滥用也许往往比保管更难耗尽；并不是我们享用了多少，就代表我们耗费了多少，只有所耗费的金钱是我们支配的时候，才是我们真正的享用；一个呆子，也许将金钱抛洒在大海中，而认为他已尽享用之能事；但这是一种过度的享用，一个聪明人从一丁点儿金块中也可获得享用，二者比较，有着怎样的悬殊呢？秩序和规律，它们可以使资财增益并持续使用，这样才能充分享用资财，从而体验到幸福。

最快乐的人是因为他最富有吗？事实不尽然。那么，怎样才能使幸福建立在财富的基础上呢？只有家庭秩序的完好，才能说明主人心智的健全。磨光的天花板，宏大的珍奇品，不过是这些人的夸耀，说明他们的虚荣罢了；不论何时，有秩序而不紊乱，平和而不仇视，富足而不奢侈，只要你见到这些，你就可以确定地说，这个家庭充满快乐。

我认为，能最恰当地衡量是否真正满足的指标是：家居生活和退隐生活。我想，那些为寻求快乐而不断向他人求助的人们，还不曾在家庭里体验到快乐。

有许多义务，它们虽然简单但高贵，能够喜爱并做到它们的人并不多。家庭的主人，对它们应该负有责任；但世俗的氛围和事务的纷扰，使他们厌弃这些义务，当他做事只因贪念，只为利益所驱动时，他就永远不会对所做之事真正的尽责。有人以为，他们最好的主人是自己，其实他们只是小心谨慎而又节俭罢了；尽管也许他们的收益会增加，但是他们的家庭情况依旧不理想。

他们的眼光应该更远大，才能指导如此重要的管理，从而产生快乐的结果。在家庭中，应有适当的规律，需要首先注意的是，只接纳诚实之人，其他人不得混入，因为诚实之人不图谋任何的秘密，因此不会将规律打破。但是，诚实可靠和服从命令之间是否有必然关系呢？从而使我们有找到诚实仆役的希望呢？不，如果我们雇用他们，就没必要去查探他们，而且一个不是完全正直的人，也无法证明他人是否诚实，所以我们必须做的事就是造就他们。

如果，主人们希望仆役做到他们所期望的那样，主要的秘诀在于，主人需要将真实的自己表现在仆役面前。他的行为应该是正直而公开的。因为，仆役只要看见主人做的是正义、合理、无私的事情，那么穷苦人就不会认为正义是对痛苦的人的羁绊，也不认为正义会使他们处在一种悲惨境遇里。如果主人们处事足够谨慎，就永远不会让工人们白干活，也不会无故扣掉他们从事劳作所应得的工资，而是教他们如何从时间方面获取需要的东西。

在他们履行自己的义务时，不会有任何怨恨和反抗，因为他们的主人所下达的命令，都不带任何骄纵或反复无常，只对他们提合理而有用的要求；主人认为，人性是神圣的，并十分看重它，因此，甚至对没有自由身的奴隶，他们的态度也一样。他们以为，将自己置于雇用的身份之上，也许是对自己的轻侮。不仅如此，在这里，除了罪恶，不会有什么卑贱的事；只要是合理的和必要的，都被看作是尊贵和正当的。

一个人如果想从退隐的生活中享受到快乐，就必须心智健全。只有善良的德行，才能使他们和家庭的有关成员齐享快乐；也只有善良的德行，才能使他们不留恋红尘，自愿隐退；如果大地上，存在着像快乐一样的任何事，毫无疑问，他们就是在此情形中享受着它。不过种种快乐的方法，对于那些不理解何为快乐的人来说，是毫无用处的；我们永远不会知道，在什么东西里能找到真正的快乐，除非我们已养成享受快乐的嗜好。

此地的居民何以快乐？如果要我讲述正确的理由，我想除了下面的回答，我想不出比这更好的说法，那就是：这是因为"他们知道如何在这里生活"；在此，这话的意义不同于一般法国人的看法，在法国，它一定被解释为：某些流行的习惯和态度已被他们采用。不，其实人类生活最适宜的各种态度都已被他们采用；这种生活，实际已超出其自身范畴了，而且即使在行将死亡的瞬间，也不会对它放手，让它溜走的。

朱丽有一位父亲，他渴望他的家庭是荣耀和富贵的；她也有孩子，她必须维持他们的生存。在一定的社会情形中，这该是做人首要考虑的。当孩子们成了家，他们就开始讨论他们的财产状况，他们的地位与他们的需要是否相当，这是他们不曾留心的；他们只看到，对一个荣誉的家庭来说，他们的资财已足够使用。但是，父亲并不会认同孩子们的看法，他们以为，他们留给孩子们的产业，恐怕一定不能使他们满足。因此，他们与其想让孩子们获得巨额财产，还不如使他们自己一心一意地去改善他们得到的赠品。

毫无疑问，一份不能增值的产业，难免会遇到这样那样的意外，使它越来越少，但假如有成员可以让它增值，又把不断增值作为一个经营的借口的话，那这种争夺岂不是让家庭永无宁日吗？产业必须分给几个孩子吗？如果这样，就一定意味着孩子们全是懒惰无用的吗？每个人通过勤奋努力都可以为他自己的那份产业增值，这在进行家产分配时，难道不该予以考虑吗？如果这样，将使人们在谨慎的假面之下，越来越贪婪；同时，它还会以它自身的安全为借口，而步入罪恶之中。

按照人们的估量，这家主人所拥有的一份财产，不过是中等而已；但在实际上，我也不知道谁比较富有。真的，所谓绝对的财富，在这个世上并不存在，这一名词只是揭示了人们的所有物和他的需要之间的关系罢了，富人不过意味着，他的所有物接近他的需要罢了。一个人虽然只有一亩土地，也可称其为富有；另一个人虽藏金累累，但也可能是一个乞丐。

这个家庭经济的特点，因为秩序和勤奋而显得非常安闲、自由和欢快，因此，我一见它就觉得颇为感动，但是，在整齐划一的家庭里，他们的气氛是阴沉的，甚至让人透不过气儿，这是它们的一大缺憾。同时，这些家长们的忧虑似乎太过。在他们四周，每一种事物似乎都被压制着。一个家庭的父亲，如此自卑和胆怯，不敢说他们是为自己而活，而只是说他们为子女而活；他们没有想过，他们不仅仅是父亲，而且还是在做人；也没有想过，他们的生活应该成为子女的榜样，应谨慎而快乐。在这里有一条可以引用的比较贤明的箴言：伏尔麦先生（M. de Wolmar）相信，一个家庭里，父亲的主要义务是使他的家庭和谐，这样一来，他的孩子们在家里会感到愉快，看到父亲也会非常快乐，他们也将试着去学父亲的这种做法。他再三强调的另一箴言是：父母的生活如果压抑，经常怨言满腹，就会导致孩子们经常产生恶劣的行为。

至于朱丽，她内心发出的指令，她会毫不犹豫地服从。她非常容易被感动，因此，这欢乐总能让人欢呼雀跃。的确，任何娱乐活动她都不会放过，那种经她许可的游戏，她不仅不拒绝而且还乐于参与，因为朱丽从游戏中得到了无限的欢乐。她会顾及她自己的便利，也会考虑她所爱的人们的需求。任何事物，只要能使一颗灵敏的心获得快乐，她都绝对会尊重。但是，凡是足以让他人认为是骄傲的事情，她都不惜予以谴责。

禁止作恶是达到德行的第一步，同样，脱离痛苦是达到快乐的第一步。显而易见，这两句箴言，在某种程度上认为道德的规范是没有意义的，但是伏尔麦夫人曾十分喜爱它们。她极易被他人的不幸而触动，如果她的周围有着不幸的对象，她就极易感到不快乐。这就像一个清白的人，如果身处在罪恶的生活中，他的德行就很难保持住一样。她对神灵是敬谢不敏的，但她关注那些需要救助的不幸的对象，不会因他们求助的目光在她身上而感到满足。反之，寻找这些对象，已成为她的工作，使她苦恼的，并不是不幸的面目，而是不幸本身。不管世间是否真的有任何这样不幸的人，就算告诉她没有，她也不会因此感到满足；她认为必要的是，虽然她知道世间并非没有不幸者，但至少在她力所能及的范围救济他们，这就足以使她内心坦然：因为如果说只有她的救济超过她的邻居，才能说她是慈善的，并且只有全人类幸福了，才可以说她是快乐的，显然这是不合理的。她小心地去了解一切靠近她居处的人们，他们生活的必需品是些什么，并对他们进行救济，使自己因此而感到欣慰，好像他们的困难，就是她自己的困难，她对每个人的个性都了如指掌，她似乎把他们所有的人都当作自己家庭中的一分子，并负起这个艰巨的任务，去排除或慰藉他人在一生当中不可避免的不幸和苦恼。

当我为他人是否幸福而感到心绪不安时，让我倍感欣慰的是：他们谨慎地进行着他们的慈善，而且永远不会对它敷衍、滥施。我们的慈善计划，并不总会成功；恰恰相反，总有一些自以为是的人，认为自己的服务是伟大的，其实不然，他们或许正在做着危害极大的事，我们所看到的只是他们仅有的一些善行，但是，他们犯下的难以预计的罪恶却是我们见不到的。伏尔麦夫人的才能确实很高，就算是和秉性最优良的妇女相比，也毫不逊色。我所指的是：在她分配她的救济物资时，识别力惊人地准确。无论谁，不管何时做了什么有损名誉或恶劣的事，都可以希望她给予正义和谅解；但是，如果曾冒犯了她的话，那些她所能提供的较有价值的人的恩惠和保护，可能就永远不会提供。

凡是真正需要帮助并值得她去保护的人，她从没有拒绝过，但对那些反复无常，想通过野心来提高自己价值的人们，她认为只会给自己带来麻烦，因此极少去关心他们的事情。去耕种土地，依靠土地的收成而生存，这是一个人天生的职业。一个国家的和平居民，只需知道快乐在什么地方，并能去找寻它们即可。他的职业，是生活中唯一必要且有用的东西。他永远都感觉不到悲戚，除非他受到一些人种种罪恶的诱惑。一个国家的真正繁荣包含在农业和耕作中，一个民族如果指望从他们自身得到伟大和力量，它就离繁荣不远了，而这些是无法仰赖其他国家的，它也不应该为了自己的生存而去侵略其他的国家，这伟大和力量只可以用于保卫它自己，在这方面，它们无疑是最可靠的工具。如何估量一个国家的力量，如果是浅薄的观察者，一定会去访问宫廷、国王，考察他的港湾、军队、军火库以及严密设防的城市；但如果是真正的政治家，必定会举行相关的调查，进入农民的草舍去访问。前者见到的只是已付诸实施的东西，而后者却能明白，将来可能需要付诸实施的是什么。

根据这项原则，他们尽可能地帮助农民，使农民处在快乐之中，不论何时，都不因他们而改变他们的快乐。他们要让农民看到，他们尊重他们的原有境遇，并劝导农民也去尊重它。

因此，伏尔麦夫人的一个重要箴言是：绝不鼓动他人去变换职业，而是尽她最大的力量去帮助一切人，使每个人在他当前的职务中能够获得快乐；她尤其感到寝食难安的是：对其他职业的嘉许，由于没有得到应有的重视，将会妨碍处于其中的人们最大的快乐，也会妨碍自由境况中的农民的最大快乐。

某一天，我对这箴言提出异议，其理由如下：自然之所以将各种不同的才能赋予于人类，似乎是想使他们能够从事各种不同的职业，而毫不涉及他们的家世。不知出于何种理由，她不认同这一异议，因为据她观察，关于道德和快乐比才能更重要这一说法，是有待商榷的。她说："人作为非常高级的生物，不该成为他人所使用的工具，不该受雇用于所谓他所适合干的事，不管这种雇用在多大程度上适合他；因为我们并不是为我们的职务而生的，是它们因我们才产生的。所以，在事物的正当分配中，我们不该使人们去迁就境遇，而应当使境遇来顺从我们：我们为一个人寻找的职务不应当只是最适合他的，而且要是能使他成为善良和快乐的人，这才是对他最好的。为了他人暂时的利益，不惜破坏一个人的心灵，使任何人成为奴隶的做法，这些都绝对不是正当的，即使是成为诚实的人的奴隶。

"我们必须了解才能是些什么，然后才可以去追求它们，并且要知道，它们可是很难被发现的，因为那是自然曾赋予我们的个别才能。说天才常常属于青年人，这恐怕是世间最让人怀疑的事。真正的才能或真正的天才，常与某种纯朴的气质相伴，这种气质使天才能果断豪迈、量力而行，它不是浅薄的、虚伪的，也不会时刻强迫着天才向前。但是，这种强迫却也经常被误认为是真才实学，其实不过是空洞的欲望造成的一个假象罢了，并没有真才实学来支持它。在这些天才中，有人听到打鼓，脑海中就立刻浮现出将军的观念；有人见到一座王宫，就想象他自己是建筑家。但是，只感觉到自己是天才，这是不够的，只有心甘情愿地去追求天才才算得上高尚。如果一位国王擅长驾驭一群马，难道要让他去当弼马温吗？一位公爵，能否因他曾发明过肉菜蒸煮的食品就转变为厨师呢？我们的所有才能都有上升的可能，而对于那些只适合在卑贱职务上施展的才能，却并没有人主动要求，你认为这符合自然的秩序吗？试着再做另一种设想，对自己的才能，如果每个人都感觉到，并都自愿将它们用在适合的地方，这可能实现吗？他们将如何克服这些障碍呢？凡是感觉自己能力缺乏的人，定会趋向欺诈和阴谋，而这种求助正是其他较有自信的人所不屑的。增加教授和学士会员是轻率的行为，因为这样做的结果，将使得真正的劳动果实不属于群众，那么，劳动果实能归于最聪明的人吗？他们能得到应得的尊荣吗？不，它只会常常被最阴险的人所占有。不知道世间有没有这么一个社会，为了便于使各个成员的身份、职务和才能及个人的工作绩效相匹配，他们所属的社会位置都经过了精密的计算，这样每个人都有希望得到最适合的个人地位。事实上，不管我们在何种社会里，都必须依照规律而行动，如果舍弃了对能力的约束，那么在这些社会里，那个指引人去积聚货财的才能，是一切才能中最卑贱的。

"我还需要补充的是：许多不同的才能，我认为它们并不都是有用的。一个社会中富有才能的人数，其比例恰好应该和社会的需要相一致，这是毋庸置疑的。因此，我不禁想到这一层，即人类的大才能对社会的作用，好像药材中的特效药物，它可以治疗我们的疾病，虽然，这些药材治疗的目的无疑是使我们永远不需要它们。在植物界里，有些植物含有毒汁；在动物界里，有些野兽会残酷地撕碎我们；在人类社会中，具有才能的人，他们对同类的危害，丝毫不亚于上述二者。此外，如果把每种事物，都放置在似乎是最适合发挥其本质的作用之上，世间所产生的危害反而要大于所带来的利益。成千上万质朴而诚实的人们，就没有机会去实现才能产生的差异，他们的真诚、朴实无欺将无法满足他们自身的需求，也比不过具有智巧的人的欺诈。但是，在和他们道德败坏的较量上，具有智巧的人逐渐显示出他们的才能来了，他们似乎想用这种方式补偿自己已丧失的道德，并且强迫心术不正的人们为他们所用，不管这些人是什么样的人。"

关于救济乞丐的问题，是我们发生分歧的另一个主要问题。我向她陈词：这种救济的风尚会使乞丐和流浪者更多，将使他们乐意过懒惰的生活，这将为社会增加很重的负担，并剥夺了社会对他们生产力的要求。

她说："我看得非常明白。由于在各大都市里生活，你已沾染了各种成见，其中之一，就是使你这个能言善辩者热衷于追捧富人的狠心肠，对此，我的丈夫常常嗤之以鼻。他说：'我们准许，甚至支持许多无用的事业，并为此花费了很大的代价；但其中多数，只不过用以毒害和败坏我们的习惯罢了。现在试想一下，如果将乞丐当作一种职业，势必会刺激我们内心的人道感觉，从而使我们将全人类联合起来。大量的乞丐也许会使国家负担很重，但是，我们不惜予以容忍和恣意的专业还少吗？我们难道不可以说它们同样是国家的负担吗？消除乞丐，是属于立法和行政方面所要注意的事；但是，为了消除乞丐这一职业，是不是意味着要使一切处在其他等级的人们去违反他们的天性，从而变得残酷呢？'"朱丽继续说，"我的想法是：对于国家来说，我不知道穷人将有什么贡献，但我知道，他们全是我们的同胞，所以当他们有求于我时，我不能拒绝这些微小的救济，而且，我认为自己对此是不可推诿的。对于生活，我虽然知道得很多，但是我仍然觉得茫然，迫使一个诚实的人落到如此地步，该是经历了多少不幸的事！他以上帝的名义，来哀求我的救济，一个落魄的异乡人，来讨一口面包吃，他处境困窘，面临死亡的威胁，而因为我的拒绝，也许会迫使他落入更悲惨的境地，我虽无法确认他到底是不是那样不幸而又诚实的一个人，但给予半便士和一片面包，不管何人都不应该拒绝，如果每一家都能供给他们这区区的半便士和一片面包，他们在旅途中的生计也就足够维持的了。但如果你认为需要这样救济的人不多，因此并不给他们任何真正的救助，可是这同时也足以证明，对于他们的困难，我们是同情的；我们对他们表示的敬意，也足以缓和拒绝他们时的残酷。半便士和一片面包的费用不高，而对他们说一声'上帝帮助你'，却是一个较有礼貌的做法；可见，'上帝帮助你'是常常赐予他们的唯一东西，好像上帝的礼物不在人们的手中，且除藏在富人的保险柜里的以外，上帝在某些地方还有其他的藏宝一样。总之，对于这些生活在水深火热中的人们，不管我们做何感想，但看到一般的乞丐还没有什么社会地位和合理的待遇时，我们如果仅从出于尊敬自己的心理出发，对那些困苦的不幸者，至少该予以一定的关注，我们见了穷苦人，应该心软一些，对他们不该视而不见。"

不管是头脑还是身体，朱丽都一样地敏捷健壮，她的感觉和知觉也很灵敏。了解每种高兴的事已成为她的嗜好，可是她的享乐，不是欢快，而是具有类似自我否认的严肃性质，这种自我否认绝不会带来哀痛和苦恼，如果这样，就会使自然受损，它的创造者也会把它当作可笑的虔敬。但是，那种轻微而适度的禁约会将其哀痛和苦恼摒除，有了这种禁约，理智便足以得到维护，它可以防止为了引起愉快而产生的嫌恶心理。因此，她的心智保持如初，她的嗜好并没有因为满足而遭到损坏，也无须放纵和刺激。

因为持有这种德行，所以她给自己制定了一种更高贵的目标，那就是：她自己应当永远保留做主妇的态度，并使个性服从规则，这是她得到满足的又一方法。因为在我们的心里，连一点儿的烦躁也不乐意，即使它轻微到可以毫无痛苦地被去掉，我们内心也是不乐意的。假如哲学家是快乐的，那一定是因为他极少受到财产的困扰。

她说："生命其实是短暂的，所以我们要将它享受到底，在有生之年，要尽可能地过好它。如果一天的放纵和满足，将我们一整年的享受都夺走，那么，就它指引我们追求欲望这一方面而言，它是一种不好的哲学。"

除了人类共同具有的特质外，每个孩子天生就有自己独特的气质，他的才能和品质正是由这气质决定的；妨碍和禁锢对他而言都是不正当的；教育事业的作用不过是促使它更完美、更出众罢了。自然绝不至于犯错，将一切罪恶都推给素质的恶劣，恰恰体现出他曾经接受了不良的示范。如果将一个人自然的天赋悉心指导后，他还是没有产生伟大的德行，那他就是个特例了。世上还没有顽固到无可救药的人，自然为每一个人都赋予了才能，只是有的人的才能偏重于某一点，正如畸形的和怪异的形象，只要用适当的观点看它们，就可以把它们变成美丽的和相称的一样，在一般的自然体系中，所有事物都趋向于共同的善。在各种事物的地位中，人人都被指派在最好的秩序和地位中，我们的天职，就是要找出那种适合自己的地位，而不是扰乱秩序。那么，从摇篮时期开始，我们受到的教育都是如此：经常用统一的标准去衡量一个人，而毫不顾及人类气质和才能的极大差异，忽视它们会造成什么样的结果呢？当那种本属于最有用和最合宜的教育，也被剥夺了时，他们接受的教育大部分是无用或有害的，自然会遭受各种束缚。各种品质中，心智当属是最伟大的，由于被卑陋而微不足道的品质所取代，它们的地位也都被中断至无用了。不同的才能，由于毫无区分地用同一种方法教育，使得一种才能不过在损害其他才能罢了，于是所有的才能都混杂在一起了。所以，尽管花费了大量的心血，但由于过分轻率，其结果却是：所有的神童都不过是没有灵性的才子和没有价值的成人，他们所有的才能，不过是他们柔弱和无足轻重的表现罢了。

我们应当接受这样的训练：在遇到困难时，不要一味地信任自己的聪明，而是要信任上帝，他非常伟大，是全能的，充满智慧，他能准确无误地指导我们做任何事情。人类智慧的最大缺点是太过于自信，哪怕有德行的人也如此，它使我们总喜欢以现在来判断将来，且以一时的经验来断定我们的一生。我们虽然明白，一时的决心并不代表一生，但难免会认定我们的将来也常常是这样的。真正果断、恰当的说法，应该是："我在这个或那个时候，具有决心。"凡是目前夸说他安全的人，不知道在下一次境遇中，他将会表现出怎样的懦弱。

在上帝眼中，任何事物都不受时间或空间的限制，那我们所有的计划将何等空洞，我们的推理将何等荒谬！目光是这样的短浅，离他远一点的事物，就不会去忧虑；他的目光所及之处，只有他身边的事物，他之所以变换对既定的事物的观念，是因为人们对事物的看法也变了。我们对未来的判断，是基于我们现在已认同的意见，而并不知道今天所认同的意见，到明天是否会发生相反的情形；我们信任我们自己，好像我们经常是一成不变似的，其实，我们每天都在变化之中。谁能说，他们是否真的在渴望他们想得到的事物呢？谁能说，明天的他们是否还是今天的他们呢？谁能说，他们的心智不会随着外界事物乃至身体组织的变动而改变呢？谁能说，我们为谋取幸福而用的这种方法，不会将我们置于悲惨的境地呢？

对于反对人类自由动作的许多论证，我都曾听说过，但是我藐视有关这些论证的一切诡辩。我天生对自由的感觉，注定要去破坏他的论证，为了证明我不是自由的主动力，也许会让一个诡辩者痛苦不堪，但这是他必须要忍受的。经过深思熟虑后，不管我选取哪个事物，我都能清楚地意识到，只有相信自身，才能得到正确的命题。真的，因为在这方面，我所知道的哲学派都是烦琐的、狡诈的、没用的，可以不必理会它们；因为他们已证明过很多东西了，这些证明既可以反对真理，也一样可以反对虚伪，并且关于人的自由主动力的命题，他们既可以证明其是也可以证明其不是。这些辩论家，就连神也可以说成是不自由的主动力，因此，自由一词在现实中也就变得毫无价值了。他们所做的，不是在澄清问题，而是充满幻想的诡辩罢了。

上帝对每个人都赋予人之所以为人的特质，并赐予人需要的东西，如果说他将特殊方法给一个人，并且给的比另一个人还多，我不相信这是他的本意。如果是滥用神所赐予我们的力量的人们，就不应再获得他人的帮助，而善用神所赐予力量的人们，也无须其他人的帮助。那些帮助，我认为会将神圣的正义伤害。你也许会说，尽管这教义严厉又让人沮丧，但它却可以从神圣的《圣经》中找出依据。就算是这样，去尊崇我的造物主，难道不是我的首要义务吗？我要用极其尊敬的态度维护原文，至于它的作者，我会以更尊敬的态度来对待；如果有人告诉我人们并不通晓《圣经》，反而有时歪解了它时，我会立刻认同此种说法，因为我不相信上帝会存心害人和不公正的。

但是，随之而来的是否是祷告无用的一个问题呢？上帝禁止我们总是依赖这种救助。凡足以帮助我们和上帝越来越默契的所有行为，都会使我们超越以前的自己；我们在向他祈祷时，就学会并体验到了这种超越。上帝满足我们的要求，并不是替我们直接行事，而是在我们祷告的过程中，通过提高我们的思想，来使我们自己改进自己。我们所有的祷告，凡属正当的，他都恩赐给我们；当我们觉得自己弱小时，就可以从他那里获得勇气。可是，我们之所以努力接近上帝，是为了我们的提高，如果滥用祷告，使这个教义变成神秘主义的话，那在我们狂热的幻想中，我们就会迷失自己。如果只一味地寻求慈悲，我们就会失去理智；为了得到上天的庇佑，我们会无视另一种庇佑——我们自己的理解力。如果冥顽不化地认为，上天能启迪我们的心智，那我们就会毁掉自己的理解力。当上天的恩惠眷顾我们时，我们深感快乐，并坚持这是上帝所行使的神迹时，我们却是谁呢？

我听到你时常谴责教徒的虔诚是一种狂信。但是，你知道他们狂信的原因是什么吗？不是由于人性的弱点，而是缘于从事祷告的时间较长，致使他们精神困顿，在疲乏中将想象之火点燃，于是出现了幻象，就自认为自己是有灵感的人，并能预知未来。此种情形下，这种狂信主义的行为，便没有理性的力量可以阻止。

真的，我已经谴责过神秘教徒的神秘行为，并且仍在谴责他们，因为他们一直在蓄谋，想让我们摆脱我们的义务；他们企图吸引我们，让我们对积极的生活产生怨恨；他们企图诱惑我们，让我们进入清静无为的状态。你也许认为，我就是接近这状态的人，但我相信，你离它有多远，我就离它有多远。

我十分明白，为上帝服务，并不是说要我们跪着双膝祷告，以致我们的一生都荒废了。为上帝服务，是指在今世，我们必须去履行所担负的各种责任和义务。

首先，我们必须履行我们岗位上的义务，然后再做祷告，如果你有时间的话。

我已经在新教（基督教）的社会里生活，也终将在这个社会里死去，我们从圣经和理性里可以归纳出新教的教会精神；关于我所宣讲的这些话，我经常会心悦诚服。对于最接近于真理的东西，对于我的"创造主"的光荣，我经常在虔诚地搜索。在我的搜索中，我被欺骗也许在所难免，但我并不奢求我的搜索一定是正确的。真的，也许我会时常闯入误区中，可是，我意向的善良始终坚持如一。如果上帝不会让我的理解力得到进一步的提升，那可能是他太宽恕，也可能是他不曾不注意我，个中原因正是我要思考的。

上帝对我的宽恕，远超过了我应受的惩罚。当我发觉我和他更接近时，我就更自信了。

据说，堕落的人们会憎恨上帝。不知公正的上帝，会将什么罪罚加于我身呢？他不会首先禁止我爱他吧？不，不爱他不是我能做到的。上帝，你是伟大而永恒的存在！你远在一切智慧之上！你是生命和快乐的源泉！你是创造主！是保护主！是天父！是自然的主人！有力而善良！我永远都不曾怀疑过你的存在，你的慧眼经常注视着我的生活，使我激动万分。我还欣喜地发现：我正向你的宝座靠近，过不了几天，我那从世俗的躯壳里被拯救出来的灵魂，将会把更有价值的、不朽的敬礼呈献到你的宝座之下，这敬礼，将使我获得一切永恒的快乐。我将要遭遇的事情，是我以往不屑注意的，除非这一刻的到来。那些在天父的胸怀里安睡的人们，是不会担心被惊醒的。

卢梭生平大事记

1712 年，1 岁。6 月 28 日，卢梭在日内瓦的格兰留街诞生。父亲伊萨克（Isaac），是一名钟表匠，时年 40 岁；母苏珊娜·倍纳（Suzanne Berrard），39 岁，在他出生后第九天，亡故。随后，由姑母苏珊娜将其抚养成人。

1720 年，8 岁。开始和父亲一起阅读小说、历史及普鲁塔克等人的作品，深受启发。

1722 年，10 岁。此年秋天，父亲因为和他人发生争执，离开日内瓦，前往尼昂（Nyon）。卢梭被寄养在伯父家。后来，在日内瓦近郊的波塞，又和堂兄弟亚伯拉姆一同被寄养在牧师蓝伯修（Lambercier）的家里。在此期间，大自然给他留下了美丽的印象。

1724 年，12 岁。回到日内瓦家中。

1725 年，13 岁。年初，被马斯隆书记雇用。4 月末，拜雕刻师杜可曼为师，签了五年契约。

1726 年，14 岁。父亲再次结婚。

1728 年，16 岁。3 月 14 日，和朋友一起去郊外游玩，回来时城门已关，不能进去，于是卢梭决定出逃，第二天离开日内瓦，开始游荡的生活。3 月 21 日，抵达安西（Annecy），与华伦夫人（Mine de Warens）初次见面。在其引荐下，进入都兰救护所，并于 4 月 21 日改信天主教。被凡赛莉伯爵夫人（Mme Vercellis）雇为家仆，历时约 3 个月。在此期间，与格姆神父（L'abbé deGaime）相识，担任其秘书。

1729 年，17 岁。6 月，重新回到安西华伦夫人处。在拉萨里斯特的神学校学习，后成为音乐家勒·米特（Le Maitre）的入门弟子。

1730 年，18 岁。此年春，卢梭和勒·米特一同前往里昂，后丢下勒·米特只身一人回来。由于华伦夫人不在家，他就前往瑞士的佛里堡、洛桑等地，担任音乐教师。

1731 年，19 岁。6 月，奔赴巴黎，成为军人侍从。巴黎留给他的是不愉快的印象。9 月，定居于华伦夫人迁居到尚贝里的家。担任土地调查所书记。

1732 年，20 岁。辞去书记一职，去做音乐教师。与华伦夫人相爱，成为她的情人。

1735 年，23 岁。此年夏天至次年秋天，在夏梅特与华伦夫人同居。

1737 年，25 岁。在一次化学实验中，差点儿失明，曾因此想到自杀。同年夏，前往日内瓦继承母亲遗产。秋，赴法国南部的蒙贝列疗养。

1738 年，26 岁。此年春，回到尚贝里，失去华伦夫人的宠爱。随后一年，在夏梅特专注于自己的教育理论。

1740 年，28 岁。从尚贝里前往里昂，在贵族官员马伯里（Jean Bonnotde Mably）家做家庭教师。年底，写成《圣马莉教育的计划案》。

1741年，29岁。5月，辞去家庭教师一职，返回尚贝里。

1742年，30岁。在夏梅特身患疾病，坚持读书与研究。8月，经里昂到巴黎。向科学院提出《新乐谱记号案》；第二年，以《现代音乐论》为名出版。此期间，结识了狄德罗（Denis Diderot）。

1743年，31岁。出版了《给波德的信》。同年春，经人介绍与都班夫人（Mme Dupin）相识，并与她的女婿佛兰奎郁交往。歌剧《恋爱的诗神》曲子谱写完成。6月，担任法国驻威尼斯大使的秘书。9月，到达威尼斯。

1744年，32岁。完成《社会契约论》的最初构想。后因与大使起争执，辞去秘书一职。10月，回到巴黎。以为剧团和个人抄家谱为生。

1745年，33岁。此年春，与泰莱莎·勒·华色儿（Thérèse le Vasseur，23岁）相识。完成歌剧《恋爱的诗神》并在多地上演。与狄德罗、康狄拉克（Etienne Bonnat de Condillac）等成为亲密朋友。年底，在伏尔泰（Voltaire）与拉摩（Jean philippe Rameau）的指点下，改写《拉弥尔的祝宴》。开始与伏尔泰通信。

1746年，34岁。此年秋，担任佛兰奎郁的秘书。年底，第一个儿子出生，寄养在孤儿院。

1747年，35岁。5月，父亲去世，继承遗产。

1748年，36岁。经苔毕娜夫人（Mme d'Epinay）介绍，认识后来成为杜黛陶夫人的比尔格德小姐。将第二个孩子寄养在孤儿院。

1749年，37岁。受达隆培尔（d'Alembert）之托，撰写

《百科全书》音乐方面的条目。10 月，前往巴黎郊区的监狱探望狄德罗，途中手执《法国信使》（*Mercure de France*）杂志，无意中看到上面第戎（Dijon）学士院的论文悬赏题目，随即撰写论文应征。年底，开始与泰莱莎同居。

1750 年，38 岁。7 月，论文《论艺术与科学》得奖，并于年底出版。

1751 年，39 岁。决心改变自己，辞去佛兰奎郁秘书一职，仍抄写乐谱为生。此年春，将第三个孩子寄养在孤儿院。针对对《论艺术与科学》的反对，撰写《致格利姆的信》作为回击。

1752 年，40 岁。出版《对波尔特先生的答复》。此年春，为歌剧《乡村的预言者》谱曲。10 月，上演并获得好评，但他拒绝了国王的召见和赐予的年金。年底，《那西斯》上演。完成《那西斯序》和《关于法国音乐的一封信》。

1753 年，41 岁。11 月，再次应征学士院的悬赏论文，在圣日尔曼（St. Germain）的森林中构思。后因出版《关于法国音乐的一封信》，其歌剧院免费的入场权也被取消。

1754 年，42 岁。6 月，由巴黎奔赴日内瓦。途中，在尚贝里与华伦夫人邂逅。8 月，在日内瓦改信新教，之后获得市民权。起草《社会契约论》。10 月，回到巴黎。

1755 年，43 岁。4 月，《论人类不平等的起源及基础》出版。此年秋，在苔毕娜夫人的"隐庐"中一心阅读。《论政治经济学》收于《百科全书》并发表。

1756 年，44 岁。4 月 9 日，与泰莱莎母子同移居"隐庐"。撰写有关圣比哀尔（Abbéde saint-Pierre）神父（法国圣职者，1658—1743）的《永久和平论》及《多元议会论》。从夏到秋，一直构思《新爱洛绮丝》。

1757年，45岁。一月，在"隐庐"拜访杜黛陶夫人。此年春，和杜黛陶夫人相恋，与苔毕娜夫人失和，跟狄德罗闹翻。11月，《致索菲的信——道德书简》完成。12月，离开"隐庐"，迁至蒙·路易。

1758年，46岁。3月，《寄达隆培尔》完稿。9月，《新爱洛绮丝》封笔，交付出版商。开始写《爱弥儿》。

1759年，47岁。5月，搬到卢森堡元帅（Luxembourg）的蒙莫朗西城居住，撰写《爱弥儿》的第五编。

1760年，48岁。《社会契约论》正式动笔。

1761年，49岁。1月，《新爱洛绮丝》在巴黎出版，读者反响颇佳。此年夏，《爱弥儿》和《社会契约论》封笔。11月，《爱弥儿》的印刷没有进展，阴云重重。

1762年，50岁。1月，撰写《致马尔舍伯长官的四封信》。4月，《社会契约论》初版发行。5月底，《爱弥儿》出版。6月，《爱弥儿》遭受巴黎高等法院的查禁，法院并下令逮捕他。9日，卢梭被迫离开蒙·路易，14日，到达伊威登（Yverdon）。上述两本书在日内瓦也被禁止发售。7月1日，离开伊威登，前往摩狄尔，泰莱莎也到达摩狄尔。同年，华伦夫人去世。11月，对"教皇"发出《致克利斯托夫·德·波蒙信》。

1763年，51岁。3月，出版《致克利斯托夫·德·波蒙信》。4月，得到纽沙泰尔的市民权。5月，放弃日内瓦的公民权。

1764年，52岁。7月，对植物学产生兴趣并致力研究。撰写《山居书札》，并于10月出版。年底，阅读伏尔泰的《市民所感》，开始《忏悔录》的写作。

1765年，53岁。3月，《山居书札》在巴黎遭到禁毁。此年夏，在圣彼尔岛游玩。9月6日夜，受到摩狄尔村民的袭击。12

日，移居圣彼尔岛。10月初，伯恩市责令他出境。10月底，离开伯恩前往柏林，来到斯特拉斯堡。11月底，打算奔赴英国，12月9日动身，16日到达巴黎。

1766年，54岁。1月4日，和休谟（David Hume）等人从巴黎出发，13日抵达伦敦。2月，泰莱莎也随后抵英。3月1日，移居乌登。此间，与休谟产生矛盾；完成《忏悔录》的第二部。

1767年，55岁。3月，接受乔治三世赠予的年金。5月初，偕泰莱莎一同离开乌登。6月21日，抵达巴黎附近，入住属于孔托里城提公爵的领地。同年秋，罹患疾病。11月，出版《音乐辞典》。

1768年，56岁。此年春，《忏悔录》在巴黎街头为人们争相传颂。6月，卢梭只身前往里昂采集植物。同年夏，在布尔哥宛和泰莱莎正式缔结婚姻。秋，打算前往希腊、塞普鲁斯岛、米诺卡岛。

1769年，57岁。在蒙坎的农家住了约一个月。此年春，《忏悔录》的写作一度中断。夏，与泰莱莎闹矛盾。11月，《忏悔录》接近完成。

1770年，58岁。4月，从蒙坎动身前去里昂。歌剧《比哥曼侬》的写作完成。6月，抵达巴黎，居住在卜居普拉托里哀街（RuePlatriere），努力从事乐谱笔记的工作，并继续植物的采集。12月，《忏悔录》的写作完成，召集好友举办朗诵会。

1771年，59岁。2月，在瑞典皇太子前朗诵《忏悔录》。此年春，《乡村的预言者》《比哥曼侬》在歌剧院上演。5月，苔毕娜夫人请求停止《忏悔录》的朗诵，朗诵会因此被中止。秋，开始撰写《波兰统治论》。

1772年，60岁。开始《卢梭和让·雅克的对话录》的写作。

1773 年，61 岁。继续从事乐谱笔记与采集植物的工作。继续《卢梭和让·雅克的对话录》不太顺利的写作。

1774 年，62 岁。4 月，帮助德国音乐家戈尔克的歌剧《伊斐吉尼》在歌剧院上演。

1775 年，63 岁。10 月，卢梭的歌剧《比哥曼侬》未征得本人同意就上演，但演出非常成功。

1776 年，64 岁。年初，完成《卢梭和让·雅克的对话录》。2 月 24 日，打算将原稿献给圣母寺的祭坛，以失败收场。4 月，将小册子分发路人。同年秋，写《孤独散步者的梦想》之"第一散步"。10 月，散步时受伤，当时谣传他已死。年底，开始"第二散步"的写作。

1777 年，65 岁。2 月，因泰莱莎长期生病，生活日渐艰辛。自春至夏，坚持"第 3－7 散步"的写作。乐谱笔记的工作停止。

1778 年，66 岁。此年春，继续写"第 8－10 散步"。5 月，将没有刊发的原稿《忏悔录》《卢梭和让·雅克的对话录》等，委托给他日内瓦的老友摩尔铎父子代为保管。5 月 20 日，奇拉丹侯爵（Marquis de Giradin）盛情邀请卢梭，他便移居其在巴黎附近的爱尔美农维尔的府邸。在附近采集植物，与奇拉丹的孩子们游玩。7 月 2 日上午 11 时病发，不治逝世。由乌登为其制作死后的面具（death-mask）。4 日，遗骸葬于爱尔美农维尔公园的白杨岛上。